보이스피싱

보이스피싱

초판 1쇄 인쇄	2014년 11월 14일	
초판 1쇄 발행	2014년 11월 21일	

지은이	배승희			
펴낸이	손형국			
펴낸곳	(주)북랩			
편집인	선일영	편집	이소현, 김아름, 이탄석	
디자인	이현수, 신혜림, 김루리, 추윤정	제작	박기성, 황동현, 구성우	
마케팅	김회란, 이희정			
출판등록	2004. 12. 1(제2012-000051호)			
주소	서울시 금천구 가산디지털 1로 168, 우림라이온스밸리 B동 B113, 114호			
홈페이지	www.book.co.kr			
전화번호	(02)2026-5777	팩스	(02)2026-5747	
ISBN	979-11-5585-397-9 14330(종이책)　979-11-5585-398-6 15330(전자책)			
	979-11-5585-270-5 14330(SET)			

이 책의 판권은 지은이와 (주)북랩에 있습니다.
내용의 일부와 전부를 무단 전재하거나 복제를 금합니다.

이 도서의 국립중앙도서관 출판예정도서목록(CIP)은 서지정보유통지원시스템 홈페이지(http://seoji.nl.go.kr)와
국가자료공동목록시스템(http://www.nl.go.kr/kolisnet)에서 이용하실 수 있습니다.
(CIP제어번호 : CIP2014032985)

보이스피싱

voice Phishing

배승희 변호사의
위기관리
시리즈 II

배승희 지음

북랩 book Lab

들어가는 글
introduction

Voice Phishing

　날이 갈수록 보이스피싱(Voice Phishing) 범죄의 수법이 교묘해지고 지능화되고 있다. 처음에는 피해자를 단순히 속여 피해자로 하여금 송금을 유도하는 방식을 취했지만, 이제는 악성코드 등으로 컴퓨터를 보이스피싱 사기범들이 직접 조작하여 피해자 몰래 공인인증서를 재발급받고, 피해자 명의로 휴대전화를 개설하여 피해자 통장에서 금원을 몰래 이체하는 방식의 수법으로 진화하고 있다. 영화에서나 보았던 일들이 지금 우리나라에서 펼쳐지고 있는 것이다.

　안타까운 것은 이러한 범죄의 피해자들이 서민이고 대부분 피해금원을 회복할 수 없다는 사실이다. 또한 수사기관에서 사기범들을 검거하더라도 중국에 있는 조직은 잡을 수가 없기에, 보이스피싱의 말단인 소위 인출책을 아무리 검거해도 범죄가 멈추지 않고 끊임없이 계속되는 것이다.

　현재 각 검찰청과 전국 법원에는 보이스피싱 범죄에 대하여 구속수사를 원칙으로 하고 형량을 강화하도록 지침이 내려진 것으로 알려져 있다. 이에 따라 인출만 하였다는 인출책은 거의 모조리 구속되어 재판이 진행되고 실형이 선고되고 있다. 그러나 이들에 대한 처벌을 강화한다고 하여 보이스피싱 범죄가 줄어드는 것 같지는 않다. 중국

내에 있는 조직은 인출책을 바꿔가며 계속해서 범죄를 저지르기 때문이다.

　필자가 매일 상담해 본 결과, 보이스피싱 범죄는 크게 두 종류로 나눌 수 있다. 하나는 중국에 조직체를 두고 중국인 인출책이 한국에서 돈을 송금하는 형식, 다른 하나는 한국에 조직체를 두고 한국인이 인출하는 형식이다.

　그런데 형사적 처벌이 이루어지는 범죄 형태는 대부분 피해자가 사기범에게 속아 돈을 특정 계좌에 입금하는 형태이다. 그 외 '파밍(Pharming)' 형태나 피해자의 개인정보를 알아내어 공인인증서를 재발급받아 피해자의 통장에서 직접 이체시키는 형태는 아예 조직체를 잡을 수가 없다. 전화로 이루어지는 상담은 거의 모두 한국인이 하지만 이 또한 모두 추적되지 않고, 자백을 기초로 수사가 진행되는 우리나라 상황에서는 이러한 조직범죄는 잡히기 어렵기 때문이다. 이 경우에는 보통 개인정보를 유출한 자에 대한 형사적 처벌로 귀결된다.

　많은 변호사들이 우연한 기회에 접하게 되는 사건으로 그 분야의 전문가가 되기도 한다. 필자 역시 현재는 변호사로서 범죄자들뿐만 아니라 관련 피해자들의 손해배상까지 전부 맡고 있다. 이에 필자는 보이스피싱 범죄가 언제부터 발생한 것이고 해외 사례는 어떠한지, 우리나라에서는 어떤 형태로 발전하고 정부의 대책은 어떠한지 등에 대해서 기록해 두었다. 또한 형사적 처벌을 받아야 하는 피고인들에 대하여도 어떤 형사적 처벌이 일어나는지 적어두었다. 마지막으로 피해자들이 어떤 방식으로 민사적으로 손해배상을 받을 수 있는지, 피해 예방법은 무엇인지 서술하였다.

  전 세계적으로 유행하고 있는 보이스피싱 범죄는 그 발원지인 미국에서도 근절되지 않고 있다. 가까운 일본에서도 보이스피싱 범죄가 사회 문제로 대두되어 대책 마련에 고심하고 있다. 대만이나 중국에 근거를 둔 보이스피싱 조직을 한국의 수사기관이 검거하기란 쉬운 일이 아닐 것이다. 보이스피싱 범죄를 소탕하기 위해서 사기범 그 자체를 잡는 것도 중요하지만, 특히 피해자는 대부분 서민이기 때문에 범죄가 발생한 후에 이루어지는 후속조치도 중요하다고 생각한다. 아직 우리나라에는 이러한 후속조치가 부족하다고 보인다. 결국 금융당국과 은행권, 정부의 노력이 필요할 것이다.

  이 책이 나올 수 있도록 곁에서 도움을 주신 김형민 실장, 김민규 실장에게 감사의 인사를 전하고 싶다. 또 나의 가족과 사랑하는 사람에게 감사의 인사를 올린다. 아무쪼록, 이 책이 보이스피싱 범죄를 예방하는 기회가 되었으면 하는 바람이다.

2014년 가을
서초동 사무실에서
변호사 배승희

contents ────────────────── Voice Phishing

들어가는 글 _ 4

보이스피싱이란?

1. 보이스피싱, 우리나라만 문제인가? _ 12
2. 보이스피싱의 주요 특징 _ 15
3. 보이스피싱 범죄 조직의 특징 _ 18
4. 보이스피싱 범죄 과정 _ 20
5. 대포통장은 어떻게 구하게 될까? _ 23
6. 보이스피싱 인출책은 대체 누구입니까? _ 29

보이스피싱 범죄 유형별 고찰

1. 피해자를 범죄에 끌어들이는 5가지 유형 _ 34
2. 검사님, 아들을 데리고 있습니다 _ 37
3. 제가 범죄에 연루되어 있다고요? _ 40

4. 내 컴퓨터에 악성코드가 있다고? _ 43
5. 자주 이용한 쇼핑몰에도 악성코드가? _ 46
6. 네이버와 다음도 파밍에? _ 48
7. 메신저로 돈을 빌려달라는 친구 _ 51
8. 영화에서나 보던 일이, 현실로? (공인인증서를 재발급받은 사안) _ 53
9. 문자 메시지로 낚였어! _ 58
10. 시키는 대로 자동화기기 앞으로! _ 63

보이스피싱 범죄로 인한 피해와 예방

1. 보이스피싱으로 인한 피해 _ 68
2. 보이스피싱 피해를 줄이려면? _ 72
3. 금융거래정보 요구에는 절대 응하지 말자 _ 73
4. 현금지급기로 유인한다면 100% 범죄에 연루된 것이다 _ 75
5. 자녀 납치 보이스피싱에 미리 대비하자 _ 76
6. 개인금융거래정보를 미리 알고 접근하는 경우에는 내용의 진위를 먼저 파악하자 _ 77
7. 피해를 입은 경우에는 곧바로 112 콜센터를 통하여 지급정지를 신청할 수 있다 _ 78
8. 유출된 금융거래정보는 즉시 폐기하자 _ 79
9. 예금통장 및 카드를 돈 받고 팔지 말자 _ 80
10. 발신(전화)번호는 조작이 가능함을 유의하자 _ 81
11. 금융회사 등의 정확한 홈페이지 여부 확인이 필요하다 _ 82
12. 「전자금융사기 예방서비스」를 적극 활용하자 _ 83

CHAPTER 4
보이스피싱 범죄의 처벌과 피해자 구제

1. 보이스피싱 범죄의 적발 _ 86
2. 통장을 만들어 준 것도 죄가 되나요? _ 88
3. 보이스피싱 조직은 어떤 범죄로 처벌되나요? _ 102
4. 불법을 배달한 퀵서비스 기사들 _ 114
5. 은행에서 지급정지를? _ 128
6. 대포통장 명의자에게 부당이득반환소송을? _ 131
7. 물건을 사면서 배송료까지 받아간 사기범! _ 138
8. 공인인증서 재발급해 준 은행, 사과도 해야지! _ 148

CHAPTER 5
알아두면 좋은 법률지식

1. 형사사건의 개괄 _ 156
2. 재판 용어 해설 _ 158

참고문헌 _ 177

CHAPTER 1

보이스피싱이란?

01 보이스피싱, 우리나라만 문제인가?

보이스피싱[1]이란 타인을 속여 타인의 재산을 편취하는 사기 범죄의 하나로, 전기통신수단(전화, 인터넷 등)을 이용한 비대면거래를 통해 금융 분야에서 발생하는 일종의 특수사기 범죄이다. 타인을 속이는 방법에는 공공기관, 금융기관, 수사기관 등을 사칭해 세금을 환급해 준다고 하며 이체를 유도하거나, 공공기관의 출석요구 등의 사기, 자녀를 납치하였다고 하며 거짓으로 돈을 요구하는 경우 등이 있다. 이를 통해 송금을 요구하거나 최근에는 개인정보 및 금융정보를 제공받는 범죄로도 발전하고 있다.

보이스피싱 범죄가 최초로 발생한 국가는 미국이다.[2] 미국에서는 보이스피싱 범죄가 가장 많이 발생하며 심각한 사회문제로 대두되고 있다. 미국의 경우 텔레마케팅 사기, 신원 사기, 건강보험 사기, 투자 관련 사기, 프라임 은행증서 사기, 피라미드 사기, 인터넷 경매 사기, 신용카드 사기, 영업 사기 등 우리나라에서 발생하는 보이스피싱 범죄와 유사하다. 미국에서도 금전적 이익을 취하는 범죄뿐만 아니라 우리나라의 개인정보 거래와 유사하게 사회보장번호, 금융정보 등 기

---

[1] 보이스피싱(Voice Phishing)이란 '전화를 통해 개인정보를 낚아올린다'는 뜻으로, 음성(Voice)+개인정보(Private data)+낚시(Fishing)를 합성한 신조어이다. 법적 명칭은 '전기통신금융사기'라고 한다.

[2] 대만으로 파악하는 경우도 있는데(금융감독원), 이는 아시아 국가에서 최초로 발생하였다는 주장인 것으로 보인다.

타 개인정보를 취득하는 사례가 늘어나는 추세이다.

　대만의 경우 동아시아 일대에 발생하고 있는 보이스피싱 범죄에서 피해를 가장 많이 입은 국가이다. 세금이나 노인 연금을 돌려준다는 등 가정주부나 노인들을 대상으로 범행이 일어나거나, 신용카드의 개인정보가 유출되었다는 내용 등으로 피해자들을 기망하는 수법이 빈번하게 일어나고, 사람을 납치했다고 하여 가족들을 상대로 송금하지 않으면 보복하겠다는 방법 등으로 범죄가 발생하고 있다.

　대만은 특이하게도 자국민을 대상으로 하는 범죄보다 외국인을 대상으로 하는 범죄의 숫자가 더 높다. 이러한 경향 때문인지, 우리나라에서도 적발되는 보이스피싱 범죄 조직 중 많은 수가 대만을 근거로 하는 조직이다. 현재 언론에서 보도되는 바와 같이, 우리나라에서 일어나는 보이스피싱 조직은 1위가 중국인이고, 2위가 한국인이며, 3위가 대만인이다.

　가까운 일본의 경우도 우리나라와 유사하게 범죄의 피해가 심각하다. 일본에서의 범죄유형은 크게 4가지로 볼 수 있다. 첫 번째는 '나야 나' 수법으로, 노인들을 대상으로 마치 가족인 것처럼 돈을 급하게 송금하도록 유도하여 금전을 취득하는 방식이다. 두 번째는 가공청구 수법인데, 요금청구문서를 가짜로 만들어 이를 우편함에 넣어두고 현금을 계좌에 송금하도록 하는 방식이다. 세 번째는 금융보증금 사기수법으로, 실제로 융자한 사실이 없음에도 융자한다는 취지의 문서를 보내 이를 보고 융자신청을 해온 사람에 대하여 보증금 명목으로 현금을 계좌에 송금하도록 하는 방법인데, 이는 우리나라에서도 가장 보편적으로 시도되고 있는 보이스피싱 수법이다. 마지막으로는 세무서나 사회보험사무소를 사칭하여 세금 환급 등에 필요한 절차라고 속여 현금자동지급기를 통해 계좌이체로 현금을 가로채는 사기가 있으며, 우리나라에서도 한때 유행하던 범죄 유형이다.

우리나라에서만 발생하는 줄 알았던 보이스피싱은 실제로는 해외에서 유입된 것이라고 볼 수 있는데, 문제는 이렇게 오래전부터 발생해온 범죄에 대하여 정부의 대응이 늦다는 것이다. 보이스피싱이 사회적으로 문제가 되자 부랴부랴 정책을 만들었지만, 그러한 정책을 비웃기라도 하듯이 범죄는 점점 지능화되어 피해자를 속출시키고 있다.

02 보이스피싱의 주요 특징

보이스피싱은 생각보다 매우 단순한 구조를 갖고 있음에도 불구하고 많은 피해자를 발생시키고 있다. 주변에 보이스피싱에 대한 정보들이 워낙 많다 보니 '설마 나는 안 당하겠지.'라고 생각하는 안일함 때문인 것 같다. 하지만 알고도 당하는 것이 보이스피싱이란 사실을 반드시 유념해야 한다.

1) 공공기관 및 금융기관 사칭

이미 잘 알려져 있듯 보이스피싱 사기단은 일련의 조직을 구성하여 검찰, 경찰, 금융감독원 등 공공기관 및 금융기관을 번갈아 사칭한다. 한 명의 피해자에게 3~4명이 교대로 공신력 있는 여러 기관을 사칭하며 사전에 짜인 각본에 따라 전화할 경우 쉽게 속일 수 있다는 점을 이용한다.

2) 개인정보 노출, 범죄 연루, 자녀 납치 등으로 피해자 심리 압박

과거에는 사기범들이 국세청과 같은 과세기관 등을 사칭하여 세금이나 보험금 환급 등 피해자에게 금전적인 이득을 제공하는 수법을 사용했으나, 최근에는 검찰이나 경찰을 사칭하여 개인정보 노출로 명의가 도용되어 피해자 계좌에서 예금 인출이 되었다고 하거나, 범죄 사건 연루, 자녀 납치 등의 거짓 사실로 피해자를 패닉 상태로 만드는 심리적 압박 수법을 주로 이용하고 있다.

3) 발신번호 조작을 통한 피해자 혼란 가중

초기 보이스피싱은 피해자의 휴대폰에 중국이나 필리핀, 대만 등의 해외 발신번호가 표시되어 비교적 인지하기 용이하였으나, 최근에는 검찰이나 경찰, 금융감독원 등 공공기관 및 금융기관의 전화번호가 발신번호로 나타나게끔 조작하면서 피해자들의 혼란을 더욱 가중시키고 있다.

4) 유창한 한국어 구사를 통한 피해자 공략

과거 보이스피싱은 어눌한 조선족 말투를 쓰고 강경하게 대처하면 전화를 도중에 끊는 등, 누구나 한 번쯤 경험했거나 아니면 주변에서 경험담을 쉽게 들을 수 있었다. 심지어 그러한 상황들이 인기 개그맨들에게 소재로 쓰일 정도로 우스갯거리였다. 그러나 최근에는 상담원의 대부분이 한국인이기 때문에 유창한 한국어를 구사하고 집요하게 피해자를 공략하고 있다.

5) 피해자의 금융거래정보 편취를 통한 직접 인출

과거에는 보이스피싱 사기범이 피해자를 속여 스스로 자금을 송금하게 하거나 CD기 또는 ATM기와 같은 현금지급기를 조작하게 하여 자금을 편취하였다. 그러나 최근에는 피싱사이트에 금융거래정보(계좌번호, 카드번호, 인터넷뱅킹 정보 등)를 입력하게 한 후 이를 이용하여 사기범이 피해자 모르게 대출을 받거나 예금을 직접 인출해 가는 수법을 주로 사용하고 있다.

피싱사기의 특징

기관 사칭
사기범이 검찰, 경찰, 금융감독원 등 공공기관 및 금융기관을 번갈아 사칭

심리적 압박
개인정보노출, 범죄사건 연루, 자녀납치 등 거짓사실로 피해자를 심리적으로 압박

발신번호 조작
공공기관 및 금융기관의 전화번호가 발신번호창에 나타나도록 조작

유창한 한국어 구사
피싱사기 발생 초기와 같이 사기범이 어눌한 우리말을 쓰는 경우는 거의 없으며, 유창한 한국어를 구사하여 피해자를 공략

직접 인출 · 이체
피해자의 금융거래정보(계좌번호, 카드번호, 인터넷뱅킹 정보, 텔레뱅킹 정보 등) 편취를 통한 직접 인출

대포통장
대출이나 취업 등을 미끼로 획득한 예금통장을 사기에 이용

(출처: 금융감독원 보이스피싱 지킴이 http://phishing-keeper.fss.or.kr)

03 보이스피싱 범죄 조직의 특징

보이스피싱 범죄 조직은 다음과 같은 특징이 있는 것으로 파악된다.

1) 핵심조직은 중국에 근거를 둔다

보이스피싱의 핵심조직은 중국에 센터를 두고 사기범행을 모의한다. 기망행위뿐만 아니라 대포통장을 모집하기 위해서도 중국에서 콜센터를 운영하고 있다고 파악된다. 대포통장은 결과적으로는 국내에서 모집할 수밖에 없기 때문에 국내에서 내국인에게 대포통장을 건네받고, 중국인 유학생 혹은 조선족 등을 통해 다른 피해자들로부터 이체된 현금을 인출하여 송금하는 방식으로 범죄를 저지른다.

이 때문에 인출책을 적발하더라도 핵심조직은 중국에 있어 현실적으로 검거가 어려워 범죄가 계속하여 발생하고 있는 것이다.

2) 조직구성원이 점조직화되어 있다

보이스피싱 인출책은 보통 2~3명이 한 팀으로 구성된다. 서로를 감시하면서 인출된 금원을 조직에게 보내기도 하고, 인출 시에 망을 봐주기도 하기 때문에 팀을 이루는 것이다. 그런데 이 인출책으로 한 팀이 되어도 서로 인적사항을 모른다. 구성원이 어떻게 범죄에 연루되었는지도 알 수 없다.

중국인의 경우에는 '위챗'이라는 애플리케이션을 사용하여 지시사항을 전달하는데, 이 위챗의 채팅방에 들어오면 같은 팀이 되는 것이다. 채팅방에 초대되어 한팀이 되면, 중국의 핵심조직원이 인출책에게 퀵서비스를 이용하여 카드를 배달하여 준다. 카드를 받고 위챗에서 카드번호와 비밀번호를 알려주면 그 즉시 인근 은행으로 가서 인출을 시작하는 것이다. 인출책은 결국 중국 내에 있는 조직이 어떤지도 모른 채 위챗에 초대되어 지시대로 인출할 뿐이다.

마찬가지로 대포통장을 모집하는 팀이 따로 구성되어 있어 대포통장을 모집하는 조직과 상부조직은 따로 연락을 하지 않는다. 점조직 구성원 간에도 채팅방에서 실명을 부르지 않고 별명이나 아이디를 부르며 접선 시에도 퀵서비스를 이용하기 때문에 조직의 인적사항을 알 수 없다.

실제로 수사기관에서 조직의 말단이라고 할 수 있는 인출책을 검거하더라도 상부조직에 대한 정보를 수집할 수가 없다. 그래서 상부조직은 수사기관의 수사를 피하여 또 다른 인출책을 모집해 범죄를 계속하고 있는 것이다.

3) 보이스피싱 조직에서 사용하는 전화의 발신 경로가 굉장히 복잡하다

수사기관에서 아무리 추적을 하려고 해도 알 수 없을뿐더러, 대포폰을 이용하여 전화를 걸기 때문에 조직의 위치도 파악할 수가 없다.

04 보이스피싱 범죄 과정

1) 사기이용계좌 확보: 예금통장 매입, 대출 등 미끼로 편취

주로 신용불량자, 노숙자 등 스스로 신원 노출이 극도로 제한적이고 궁핍한 사람들을 이용하여 통장(대포통장)을 개설·매입한다. 이밖에 요즘은 대출 또는 취업 등을 미끼로 예금통장을 편취하는 경우도 많다.

2) 전화·문자메시지 시도: 해외(중국 등) 콜센터에서 국내로 전화

보이스피싱 일당을 잡기 어려운 이유 중 하나는 대부분 해외에 거점을 두고 있기 때문이다. 중국이나 대만, 필리핀 등에 본부를 둔 사기단이 금융기관 및 검찰, 경찰, 금융감독원 등 공공기관의 대표전화로 발신자번호를 조작하여 무작위로 국내에 전화한다.

3) 기망·공갈: 개인정보 유출, 범죄사건 연루 등으로 기망

검찰, 경찰, 금융감독원 등 공공기관 및 금융기관을 사칭하는 자가 개인정보 유출, 범죄사건 연루 등의 명목으로 피해자를 기망하여 피해자의 개인정보 또는 금융거래정보를 탈취한다. 최근에는 악성코드 유포를 통한 파밍으로 피싱사이트 접속을 유도하는 등 사기기법이 첨단화되고 있다.

4) 계좌이체: 송금·이체 유도 또는 사기범이 직접 이체

흔히들 범죄 사건에 연루되었다고 전화를 받으면 당사자는 패닉 상태에 빠지게 된다. 사기범은 당황한 피해자에게 안심하라고 하며 계좌보호 조치 또는 범죄 혐의 탈피 등을 명분으로 사기계좌로 이체를 유도하거나, 피해자로부터 편취한 정보로 공인인증서를 재발급받아 직접 이체한다.

5) 인출·송금: 현금인출책·송금책을 통해 해외 송금

현금인출책은 점조직으로 이루어져 있어 피해금액이 송금책의 계좌로 입금하면 송금책이 환치기 등의 방법으로 범죄 집단 본부로 송금하게 된다. 만약 글로벌 체크카드를 이용하고 있다면 해외에서 직접 출금하기도 한다.

1. 사기이용계좌 확보
예금통장 매입, 대출 등 미끼로 편취

신용불량자, 노숙자 등을 이용하여 통장(대포통장)을 개설·매입하거나 대출 또는 취업을 미끼로 예금통장을 편취

2. 전화·문자 메시지 시도
해외(중국 등) 콜센터에서 국내로 전화

해외(중국 등)에 본부를 둔 사기단이 금융기관 및 검찰, 경찰, 금융감독원 등 공공기관의 대표전화로 발신자번호를 조작하여 무작위로 국내에 전화

3. 기망·공갈
개인정보 유출, 범죄사건 연루 등으로 기망

금융기관 및 검찰, 경찰, 금융감독원 등 공공기관을 사칭하는 자가 개인정보 유출, 범죄사건 연루 등의 명목으로 기망하여 피해자의 개인정보 또는 금융거래정보를 탈취

4. 계좌이체
송금·이체유도 또는 사기범이 직접 이체

계좌보호 조치 또는 범죄 혐의 탈피 등 명분 하에 사기계좌로 이체를 유도하거나 피해자로부터 편취한 정보로 공인인증서를 재발급 받아 사기범이 직접 이체

5. 인출·송금
현금인출책·송금책을 통해 해외 송금

점조직으로 이루어진 현금인출책이 송금책의 계좌로 입금하면 송금책이 환치기 등의 방법으로 범죄집단 본부로 송금
(글로벌 체크카드 이용 시 해외에서 직접 출금)

05 대포통장은 어떻게 구하게 될까?

사례 1 대출 문제로 고민 중이십니까?

과거에는 신용불량자, 노숙자 등에게 통장을 빌려주면 사례를 하겠다고 하여 통장을 받는 경우가 있었다.

최근에는 대출을 미끼로 통장을 얻고 있다. 이러한 조직은 국내에서 활동하기보다는 중국에서 한국으로 전화를 걸어 전화대출상담을 유도하는 방법을 취한다. 중국에서 대출을 유도해 전화를 걸면 중국 내 조직은 한국에 있는 조직원에게 피해자를 넘기고, 한국의 조직원이 피해자로부터 통장을 수령해 대포통장으로 범죄에 사용하는 것이다.

돈이 급한 사람들로서는 당할 수밖에 없는 현실이지만, 돈이 급하다 하더라도 사금융을 이용하거나 전화로 오는 대출상담을 피해야 할 것이다.

사례 2 구직자는 두 번 웁니다

보이스피싱 조직에서 이용되는 대포통장은 실제 명의자가 만들어서 보낸 통장이다. 예전에는 신용불량자에게 대출을 해준다는 광고를 내어 그 신용불량자들이 만든 통장을 받아 범죄에 이용하는 방식이었다. 또 인터넷을 통해 대놓고 통장을 매입한다고 광고하며 돈을 주겠다고 하여 돈이 급한 사람들로부터 통장을 매입하여 범죄에 이용하는 경우도 있었다.

필자가 경험한 사례로, 범죄조직이 사무실을 하나 차려서 인터넷이나 신문(무료로 배포되는 취업 관련 신문 등)에 '사무직, 노동직, 누구나 환영, 장애인 우대', 'OO산업 협력업체'라며 그럴듯한 구인광고를 낸다. 구직자가 사무실에 찾아오면 그럴듯한 근무환경에서의 사무직을 추천하면서 일자리를 제공할 것처럼 이력서를 받는다. 이렇게 이력서를 두고 가면 구직자로서는 합격전화를 기다릴 수밖에 없는데, 이 점을 이용해서 며칠 뒤에 구직자에게 가짜 합격전화를 건다.

> "며칠 전에 저희 ○○산업에 중공업 원서를 넣으신 ○○○님 맞으시죠?"
>
> "네."
>
> "축하드립니다. 저희 협력업체에서 합격 통보가 왔습니다. 회사 위치와 약도는 우편을 통해 보내드립니다. 이력서에 쓰인 주소로 발송하면 됩니까?"
>
> "네."
>
> "회사에 입사하시면 급여통장과 입사출입증 겸용 카드를 만들어야 하는데, ○○은행 통장 카드 신규로 개설해서 내일까지 사무실로 방문하여 주시기 바랍니다."

이처럼 구직자에게 은행을 지정하여 신규통장과 카드를 발급받아 오라고 한다. 실제로 구직자 입장에서는 합격 소식에 곧바로 통장과 카드를 만들어 사무실로 다시 방문하여 범인들이 원하는 대로 통장과 카드를 양도할 수밖에 없으며, 이러한 수법으로 카드 비밀번호까지 알아내게 된다.

"통장에 카드 비밀번호 적어주시고, 책상에 두고 가시면 됩니다. 통장은 저희 쪽에서 입사출입증 겸용 카드를 만들어서 회사 소개서와 함께 댁으로 보내드리겠습니다."라며 구직자를 속인 뒤 통장과 카드를 얻어낸다. 이런 식으로 취득한 통장과 카드를 사기범들끼리 서로 거래하며 대포통장으로 사용하고 있는 것이다.

피해를 당한 구직자들이 사무실로 다시 찾아가면 범인을 잡을 수 있는 것 아니냐고 반문할 수도 있겠다. 그러나 이러한 사기범들은 한

달에 한 번꼴로 사무실을 옮겨가며 추적을 피하고, 사무실에 지문도 남기지 않는다. 구직자들이 그사이에 전화를 하여 언제부터 일을 시작하면 되는지 등 궁금해하면 회사에 사정이 발생하여 곧 정리될 것이니 기다려달라고 하면서, 실제 사무실인 것처럼 마지막까지 거짓말을 하다가 한 달 뒤에는 연락이 되지 않는 것이다.

사례 3 손주 같은 자식들이라 믿었어요

조직들은 다양한 방법으로 통장을 구하게 되는데, 특히 접근하기 쉬운 상대를 고르기 마련이다. 한때는 신분증만 있으면 통장을 만들 수 있었다. 이 점을 이용해서 대포통장을 매입하려는 사람들이 신분증을 얻을 수 있는 사람에게 접근한다. 아무 노인정에나 들어가 사리분별이 없고 지식이 없는 노인들을 상대로 통장을 매입하는 것이다. 방법은 간단하다.

노인정에 우유와 빵, 과자 등을 가지고 들어가 봉사활동을 온 것처럼 행동한다. 친절하게 다가가 안마도 해주고 손도 잡아주고 말벗이 되어준다. 노인들 입장에서는 살갑게 대해주니 자식보다 낫다는 생각을 하게 된다.

며칠 뒤, 이 통장 매입자들은 노인들에게 작업을 건다.

> "할머니, 열심히 살려고 하는데 한국 사회 참 어렵습니다."
> "왜 그래? 무슨 일 있어?"
> "아니, 신용불량자라서 통장이 안 만들어진다고 회사에 취직이 안 돼요. 그깟 통장 하나 때문에…… 이렇게 어렵네요."
> "그것이 꼭 필요한가?"
> "아버지는 교통사고로 돌아가시고 어머니는 아프신데, 동생 둘은 대학에 가서 뒷바라지는 제가 해야 하고, 그러다 보니 돈도 못 모으고 신용불량자가 되었고, 통장 하나도 못 만들어요. 할머니, 통장 하나 만들어 주시면 안 되나요?"

노인들은 젊은 사람이 열심히 살아보겠다고 가슴 아프게 말하고, 통장 만들어 주는 데 돈 들어가는 것도 아니니 이렇게 살가운 청년들에게 통장을 만들어 줄 결심을 하게 된다.

신분증을 받은 매입자들은 은행에 찾아가 정상적인 절차를 거쳐 통장과 현금카드를 만들어 자신들이 갖고, 노인들에게는 일주일에 한 번씩 와서 말동무가 되어 드리겠다며 감사의 인사를 한다.

이렇게 큰 아파트 단지나 여러 개의 아파트를 다니며 통장을 만들다 보면 일주일에 50여 개의 통장이 만들어진다고 한다.

이렇게 통장을 매입하는 과정이 언론에 보도되고 범죄에 이용되자 정부에서는 한 사람이 만들 수 있는 통장 개수를 제한하였다. 그러나 이마저도 실효적인 대책은 아니었다. 왜냐하면, 통장을 매입하는 과정에서 나이가 어려 판단이 짧은 중·고등학생에게 돈을 주고 통장을 매입하는 경우가 발생하였기 때문이다. 또한 한 사람당 통장의 개수 제한이 있을 뿐, 어찌 됐건 대포통장으로 이용되는 통장은 발생하기 마련이다.

사기범들은 일정 기간 동안 특정 기관을 집중적으로 사칭하다가 노출이 많이 되면 사칭 기관이나 유인 방법들을 바꿔가면서 범행하는 등 사기수법을 계속 진화시키고 있어, 금융 업무에 어두운 시골 노인층은 물론 공무원, 의사, 변호사, 대기업 간부까지도 적지 않게 피해를 보고 있는 실정이다.

06 보이스피싱 인출책은 대체 누구입니까?

보이스피싱 조직 중에서 가장 많은 형사적 처벌이 발생하는 부류는 바로 통장을 운반하거나 통장에서 금원을 인출하는 인출책이다. 신고율이 빠르기도 하고 자동인출기 앞 CCTV도 한몫을 하므로 경찰에서는 보이스피싱 조직 중에서도 인출책을 가장 빨리 잡아낸다.

인출책은 두 가지 부류로 분류할 수 있는데, 그중 중국에 거점을 둔 실제 중국인들은 한국에서의 인출책도 중국인을 고용한다. 필자가 맡은 사건 중에서도 이러한 인출을 전문으로 하기 위해 입국한 경우가 있었다.

다른 유형은 한국인이 중국인을 고용하는 경우이다. 이 경우에는 보통 돈이 부족한 중국인 유학생을 고용한다. 경찰에 걸리더라도 한국인 조직체를 제대로 불 수 없기 때문에 이렇게 중국인 유학생을 고용하는 경우가 허다하다. 한국에서 공부하기 위한 돈을 쉽게 벌 수 있다는 유혹에 빠져 보이스피싱 인출을 하게 되는 것이다.

한국인 조직체가 한국인을 인출책으로 사용하는 경우는 흥미롭다. 한국인이 조직체가 되는 경우에는 아예 모르는 사람을 고용하여 불법적인 일에 가담시키는 것이 어렵다. 언론에서 보도도 많이 되었고, 범죄를 하다 걸리면 형도 높기 때문이다. 또한 가장 큰 이유로 타인을 못 믿기 때문에 결국 아는 사람을 고용하는 경우가 많다. 그런데 이 역시 문제가 발생한다. 인출책이 경찰에 수사를 받게 되어 형사처벌을 받게 되는 경우에는 바로 공범의 정체를 실토하여 자신의 형량을 낮추는 방향을 택하기 때문이다. 즉, 인출책과 범행을 실행하는 가담자가 서로 아는 사이라면, 인출책이 잡히면 그 조직체까지 경찰에 적발될 가능성이 높아지는 것이다.

이렇게 모집된 인출책들은 윗선에서 피해자들을 상대로 대출사기를 벌이거나 혹은 미리 심어둔 악성코드를 작동시켜 대포통장으로 돈이 입금되는 즉시 출금한다.

'김○○, ○○은행, 1,000만 원, 1234'라는 문자를 받으면 인출책은 곧바로 가까운 현금지급기나 은행 단말기로 가서 한 번에 50~100만 원씩 금원을 나누어 인출한다. 한 장소에서 인출하는 것이 아니라 여러 장소를 돌아다니며 인출하는 것이다.

이렇게 인출을 하면 인출 금원에서 적게는 10%, 많게는 30%를 자신이 가지고 나머지를 상선으로 보내게 된다. 인출책들은 보통 일용직 노동자 수준의 돈을 벌고 있거나 혹은 무노동자인 경우가 많아, 불법적인 금원인 줄 알면서도 쉽게 돈을 벌 수 있는 유혹을 뿌리치지 못하고 범죄에 연루하는 것이다.

CHAPTER 2

보이스피싱 범죄 유형별 고찰

01 피해자를 범죄에 끌어들이는 5가지 유형

갈수록 진화하는 보이스피싱 수법들을 보다 보면 아무것도 모르는 사람은 결국 당할 수밖에 없겠구나 싶다. 보이스피싱 사기범의 수법은 크게 5가지 유형으로 분류할 수 있다. 현재까지 가장 많이 발생한 사안들을 유형별로 분석한 것인데, 알면서도 당하는 것이 보이스피싱인 점을 감안하여 확실하게 숙지하고 만약 유사한 경우 절대 피해가 없도록 예방해야 한다.

1) 보호형

과거부터 지금까지 가장 많이 사용되고 있는 수법이다. 검찰, 경찰, 금융감독원 등 공공기관 및 금융기관을 사칭하며 개인정보 또는 금융정보 유출이나 범죄사건 연루 등으로부터 피해자를 보호해 주겠다고 유인하는 방식이다. 가장 흔한 보이스피싱의 대표적 유형이다.

2) 협박형

피해자의 자녀를 납치하여 데리고 있다고 속이는 방식이다. 자녀나 부모의 신상정보를 미리 파악하여 접근하기 때문에 성공률이 꽤 높은 편에 속한다. 이 수법은 주로 해외에 유학하고 있는 자녀를 둔 부모들을 대상으로 빈번하게 일어나며, 유출된 금융거래정보내역과 해외송금내역 등을 확인하고 사기범이 이를 토대로 범행을 계획한다고 알려져 있다. 혹시 지금 자녀가 해외 유학 중이라면 언제라도 연락 가능한 전화번호를 확보해 두도록 하자.

3) 지인사칭형

인터넷 및 스마트폰 메신저가 보급되면서 기하급수적으로 증가하고 있는 범죄유형이다. 사기범이 해킹을 통해 확보된 피해자의 메신저 아이디로 가족, 친구, 직장동료 등 피해자를 사칭하며 급전, 교통사고 합의금 등 긴급자금을 요구하는 방식이다. 메신저 또는 문자메시지로 이미 등록되어 있는 지인의 아이디나 전화번호로 접근하기 때문에 속기 쉬운 유형이다. 범행에 사용되는 계좌는 피해자 명의가 아닌 사기범이 마련해놓은 대포통장인 경우가 많기 때문에 혹시라도 의심이 된다면 반드시 직접 통화를 하도록 한다.

4) 보상제공형

초과 납부한 연금, 보험금, 세금 등을 환급해 준다거나 경품 등에 당첨되었다고 하면 당사자 입장에서는 매우 기쁜 일이 아닐 수 없다. 하지만 이것 또한 피해자를 유인하는 방식이며, 대부분 초기에 경제적으로 빈곤한 노인층을 대상으로 많이 발생했던 유형이다.

5) 의무부과형

생소할지 모르나 알게 모르게 많이 당하는 유형인 의무부과형은 동창회나 대학 등을 사칭하며 회비를 요구하거나 대학 추가합격에 따른 등록금 선납을 요구하는 방식이다. 동창회 명부, 대학 지원 현황

자료 등을 해킹을 통해 미리 확보하여 접근하기 때문에 피해자가 속기 쉽다.

이후로는 보이스피싱 범죄 사례에 대해 하나씩 살펴보고, 이외에도 사기범이 어떠한 범죄 형태로 피해자를 속이는지 알아보도록 하자.

02 검사님, 아들을 데리고 있습니다

아마도 언론에서 처음 보도되기 시작한 범죄 유형이 바로 '자녀납치형'이 아니었나 싶다. 어느 부모가 자녀가 납치되었다는데 가만히 있을 수 있겠는가. 바로 그러한 점을 악용하여 자녀가 납치되었다며 돈을 특정 계좌(앞서 살펴본 대포통장)로 송금하라고 하여 돈을 가로채는 수법이다.

자녀납치 및 사고 빙자 편취

• 사기수법

자녀와 부모의 전화번호 등을 사전에 알고 있는 사기범이 자녀의 전화번호로 발신자번호를 변조, 부모에게 마치 자녀가 사고 또는 납치 상태인 것처럼 가장하여 부모로부터 자금을 편취하는 수법으로, 학교에 간 자녀 납치 빙자, 군대에 간 아들 사고 빙자, 유학 중인 자녀 납치 또는 사고 빙자 등의 유형이 있음.

• 피해사례

사례 1

Y씨(40대, 여)는 오후 1시경 자녀의 이름과 학교를 대면서 "지금 당신

아이를 납치하였다. 허튼수작하면 죽여 버린다. 불러주는 계좌로 1,000만 원을 송금해라."라는 협박 전화를 받고 보유하고 있던 300만 원을 사기범 계좌로 이체하여 피해를 봄.

사례 2

K씨(50대, 여)는 오전에 사기범으로부터 "학교 행정실인데 아이가 머리를 다쳐서 치료를 해야 하니 1,000만 원을 입금하라."라는 전화를 받고 800만 원을 입금하여 피해를 봄. 사기범은 자녀 이름, 휴대전화번호, 학교 이름을 정확히 알고 있었음.

일반인들이 생각하기에는 왜 당하나 싶은데, 실제 이러한 사건들은 기본적으로 개인정보를 기초로 행해지기 때문에 전화를 받는 사람 즉, 피해자들로서는 믿을 수밖에 없는 것이다.

집 전화가 울린다.

"○○의 부모님 되지요?"
"네."
"지금 ○○을 데리고 있습니다."
(이때 자녀의 비명이 들린다)
"누구세요, 지금 어디입니까?"

조직들은 이미 자녀는 물론, 부모의 개인정보를 모두 알고 있기 때문에 당하는 사람으로서는 이것이 거짓일 것이라고는 생각할 수가 없다.

집으로 걸려온 전화는 곧바로 휴대전화로도 전화를 유도한다. 휴대전화로 전화를 걸어서 "전화를 받지 않을 경우에, ○○의 손가락을 하나씩 자르겠다."라는 식의 협박을 하여 집 전화로 통화를 하면서 휴대전화로 다른 사람에게 도움을 청할 수 있는 방법을 애초에 막아버린다.

그렇게 통화를 하며 은행에 가서 이체할 때까지 휴대전화를 끊지 못하게 해, 돈을 이체하는 순간에도 타인에게 도움을 청할 수 없게 만든다.

이렇게 이체하는 통장은 대포통장이고, 대포통장에 돈이 들어온 순간 곧바로 인출책이 입금된 금원을 인출해서 조직으로 흘러가게 되는 것이다.

비록 지금은 이러한 유형이 많이 일어나지 않지만, 최근 다시 기승을 부리고 있으므로 조심하는 것이 최선의 방법이다.

03 제가 범죄에 연루되어 있다고요?

　이 수법은 자녀납치형 범죄가 뉴스에 보도된 이후에 발생한 것으로 추정하고 있다. 은행 직원, 경찰, 검찰 수사관을 사칭해서 사무실에서 실제로 일어나는 상황처럼 연출하여 돈을 송금받아 가로채는 수법이다.

　이런 상황극을 믿을 수밖에 없는 것은, 일반인들은 우선 경찰이나 검찰청에서 전화를 받아본 경험이 거의 없기 때문이다. 그렇기에 경찰이라고 하면 일단 심장이 떨리고, 시키는 대로 해야 한다고 생각한다. 이는 피의자로서 조사받는 실제 사기범들도 마찬가지이다. 이렇게 범죄를 저지르고 수사를 받는 당사자도 떨리는데 일반인이 어느 날, 갑자기 "○○경찰서입니다. ○○○ 씨 맞으시죠?"라는 전화를 받으면 얼마나 떨리겠는가.

　특히 한 명의 피해자에게 3~4명이 교대로 공신력 있는 여러 기관을 사칭하고 사전 각본에 따라 전화할 경우 피해자가 쉽게 속는 점을 이용해 범죄를 저지른다.

최근에는 사기범이 검찰, 경찰, 금융감독원 등 공공기관 및 금융기관의 전화번호가 발신번호로 표시되도록 조작함에 따라 피해자들을 더욱 혼란스럽게 만든다.

상황극 연출에 의한 피해자 기망 편취

• 사기수법

은행 직원, 경찰·검찰 수사관을 사칭한 사기범들이 은행 객장과 경찰서, 검찰청 등의 사무실에서 실제로 일어나는 상황 연출로 피해자를 기망하여 금전 편취.

• 피해사례

　J씨(50대, 남)는 은행의 객장을 연상케 하는 소리(도장 찍는 소리, 고객을 부르는 소리 등)가 들려오는 상황에서 은행 직원을 사칭하는 자로부터 "누군가 당신의 신분증을 가지고 돈을 찾아가려고 한다. 경찰에 신고해 주겠다."라는 전화를 받음.

　이후 경찰서 사무실을 연상케 하는 소리(타이핑 소리, 동료 형사를 부르는 소리 등)가 들려오는 상황에서 수사관을 사칭하는 자로부터 "시키는 대로 해라. 당신 통장 계좌에 있는 거래 내역을 추적해야 하니 내가 불러주는 계좌로 돈을 이체시켜라."라는 전화를 받고 사기범이 불러주는 계좌로 1,250만 원을 이체하여 피해를 봄.

　경찰에서 전화가 왔다고 하여도 당황하지 말고! 침착하게 대응하면 범죄 피해를 예방할 수 있을 것이다. 우선 경찰이나 기관에서 전화가 오면 무슨 일 때문인지 정확하게 물어보고 상대방의 신분과 이름, 전화번호를 물어본다. 그 후 다시 통화하겠다며 전화를 끊고 기관에 전화하여 무슨 일인지 물어보거나 혹은 인터넷을 통하여 어떤 사건이 있는지 확인한 다음 기관과 다시 통화하는 것이 좋은 대처 방법이다.

04 내 컴퓨터에 악성코드가 있다고?

　지방에서 서울로 올라와 홀로 자취를 하고 있는 동현 군은 얼마 전 메일로 전송된 음악 파일을 다운로드했다. 음악 파일이기에 별다른 의심 없이 다운로드를 한 것이다. 그러나 이것은 중국 해커들이 악성코드를 심어 놓은 파일이다. 파일이 다운되는 순간 동현 군의 컴퓨터에는 악성코드가 깔린다. 이 악성코드는 동현 군이 컴퓨터로 인터넷뱅킹을 이용할 때까지 잠복기를 가진다.

　동현 군은 임대인에게 월세를 내기 위해서 컴퓨터 전원을 켜고 거래은행인 ○○은행 인터넷뱅킹 홈페이지에 접속했다. 별다른 의심 없이 홈페이지에 들어가면 오늘도 은행에서는 개인정보가 유출될 위험이 있으니 조심하라는 팝업창이 뜬다. 보안 강화 서비스에 등록해야 한다는 팝업창도 눈에 띈다. 월세를 내고 학교 수업을 들으러 가야 했기에 나중에 신청하려고 하였더니, 보안 강화 서비스 신청을 하지 않으면 다음 페이지가 열리지 않는다며 멈춰 있다.

　할 수 없이 팝업창을 클릭했다. 은행 측에서는 보안 강화 서비스를 등록해야 하니 인터넷뱅킹에 필요한 계좌번호, 통장 비밀번호, 이체 비밀번호, 그리고 보안카드 숫자 35자리를 입력하라고 한다. 동현 군은 '아… 시간도 없는데 이걸 언제 다 입력하라는 것인지.'라고 생각하면서도 개인정보 보안 강화를 위한 절차려니 생각하고 하나씩 입력해 나갔다.

평소와 다름없이 인터넷뱅킹을 이용하고 집을 나선 동현 군. 며칠 뒤, 통장을 살펴본 동현 군은 황당하다. 통장에 있던 1,000만 원이 생면부지인 사람 앞으로 이체된 것이 아닌가. 아뿔싸, 이게 바로 파밍?

이 이야기는 실제 사례이다. 비단 동현 군만은 아닐 것이다. 실제로 악성코드에 감염된 불특정 다수의 고객은 자신이 거래하던 은행과 동일한 사이트에 접속하였는데 자신도 모르게 이체되는 일을 겪게 된다.

해커들이 미리 깔아놓은 악성코드는 한국의 인터넷 현실과 맞물려 있는데, 바로 '액티브 X' 프로그램을 설치하는 보안 절차로 인해, 오히려 이때 악성코드가 컴퓨터에 깔리게 된다. 그렇게 깔린 악성코드는 이름도 교묘하게 되어 있어 이용자가 찾아 지우려고 해도 찾을 수 없는 것이다.

금융감독원 보이스피싱 지킴이 사이트에도 유사 사례가 올라와 있다.

- 피해사례

사례 1

경기도 성남 거주 김모 씨(여, 40대 후반)는 '12.11.12일 본인이 사용하는 컴퓨터의 인터넷 즐겨찾기에 등록되어 있는 N은행의 사이트에 접속하였으나 동 은행을 가장한 피싱사이트로 접속이 되었고, 인터넷뱅킹에 필요한 정보를 입력하는 팝업창이 나타나 해당 정보(계좌번호, 계좌 비밀번호, 보안카드번호 등)를 입력하였는데, 사기범은 '12.11.12일부터 16

일까지 5일간 동 정보를 이용하여 피해자 명의의 인터넷뱅킹을 통해 피해자의 N은행 계좌에서 총 5회에 걸쳐 1,039만 원을 사기범 계좌로 이체하여 편취.

사례 2

인천시 거주 유모 씨(여, 30대 후반)는 '12.11.01일 자녀 학원비 이체를 위해 본인이 사용하는 컴퓨터의 인터넷 검색포털사이트에서 'K*'라는 단어로 검색 후 K은행의 사이트에 접속하였으나 동 은행을 가장한 피싱사이트로 접속이 되었고, 인터넷뱅킹에 필요한 정보를 입력하는 팝업창이 나타나 해당 정보(계좌번호, 계좌 비밀번호, 보안카드번호 등)를 입력하였는데, 사기범은 '12.11.05일 동 정보를 이용하여 피해자 명의의 인터넷뱅킹을 통해 피해자의 K은행 계좌에서 총 5회에 걸쳐 1,763만 원을 사기범 계좌로 이체하여 편취.

(출처: 금융감독원 보이스피싱 지킴이 http://phishing-keeper.fss.or.kr)

최근에는 이러한 보안장치를 다양화하려는 시도가 있다. 정부도 이러한 문제점을 인식해 공인인증서 하나만을 가지고 은행 측에서 보안조치를 다하였다고 여기는 부분에 대해 경각심을 주고 있다.

보이스피싱은 예방이 최우선이다. 지금 상황으로서는 어쩔 수 없는 일이다.

05 자주 이용한 쇼핑몰에도 악성코드가?

파밍은 앞 사례와 유사하게 이미 악성코드가 깔린 후 사용자가 인터넷뱅킹을 이용하면 그 순간부터 악성코드가 작동해 사용자도 모르게 자신이 이용하는 은행 계좌에서 돈이 대포통장으로 이체되는 수법이다.

쇼핑몰 결제창을 이용한 파밍 수법의 보이스피싱

• 사기수법

쇼핑몰에서 물건을 구매하고 대금 결제(실시간 계좌이체)를 위해 '뱅킹' 버튼을 선택할 경우, 이미 악성코드에 감염된 이용자의 PC를 피싱사이트로 접속하게 한 뒤 개인(금융거래)정보를 편취하는 수법.

• 피해사례

제주시 거주 강모 씨(20대, 여)는 '13.03.27일 오후 4시경 인터넷쇼핑몰인 '△△감성' 사이트에서 옷을 구매하면서 결제수단 중 실시간 계좌이체를 선택하고 인터넷뱅킹으로 계좌이체를 하기 위해 결제창 內 '뱅킹' 버튼을 선택하였는데, 악성코드에 감염된 PC로 인하여 N은행 피싱사이트로 유도되어 보안카드 코드번호 전체와 계좌 비밀번호, 인터넷뱅킹 아이디 등의 금융거래정보를 입력하였음.

이후 피해자의 금융거래정보를 알아낸 사기범이 공인인증서를 재발급받아 03.28일 새벽 1시경 피해자 명의의 인터넷뱅킹을 통해 258만 원을 사기범 계좌로 이체하여 편취.

흥미로운 점은 악성코드가 깔린 뒤에 인터넷뱅킹을 이용하면 금융거래정보를 입력해야 하는데, 사용자들은 실제 은행과 동일한 사이트이기에 의심을 할 수가 없다는 것이다.

이제는 보안카드번호를 전부 누르라고 하는 경우에는 보이스피싱을 의심하라는 뉴스도 나오게 되었고, 많은 국민이 알고 있을 것이라 생각된다. 기본적으로 생각해도, 보안카드 35개를 누른다는 것 자체가 너무 귀찮지 않은가.

앞으로도 조심, 또 조심!

06 네이버와 다음도 파밍에?

인터넷을 시작하면 시작페이지에 접속하게 된다. 필자의 시작페이지는 국내 포털사이트 점유율 1위의 네이버이다. 아마도 많은 분이 네이버 혹은 다음, 네이트 이 3개의 사이트에 접속해 인터넷을 시작할 것이다.

그런데 이 사이트에 접속하였더니 금융감독원의 보안 인증 팝업창이 뜬다. 이때 어떠한 의심을 가지고 팝업창을 그대로 끌 수 있을까. 이러한 점에 착안해 파밍이 시작된 범죄도 있었다.

인터넷 뱅킹 팝업창을 통한 피싱사이트 유도 사례

- 사기수법

피해자의 PC를 악성코드에 감염시켜 인터넷 실행 중 네이버(Naver), 다음(Daum) 등 사이트에 접속 시 피싱사이트로 유도하는 팝업창을 게시하고, 피해자가 팝업창의 내용에 대한 의심 없이 팝업창 클릭 시 피싱사이트로 유도한 뒤 개인(금융거래)정보를 편취하는 수법.

● 피해사례

사례 1

　서울 송파구에 거주하는 송모 씨(남, 40대 초반)는 '13.06.22일 14시경 회사 컴퓨터를 통해 인터넷을 실행 후 네이버(http://naver.com)에 접속하자 금융감독원을 사칭한 보안 인증 팝업창이 뜨는 것을 확인하였고, 해당 팝업창을 클릭하자 개인금융거래정보를 입력하라는 내용을 보고 사기임을 의심하지 않고 관련 정보 일체를 입력하였는데, 같은 날 18시부터 19시까지 약 한 시간 동안 총 32회에 걸쳐 6,400만 원 상당의 금전 피해를 입음.

사례 2

　충남 논산시에 거주하는 전모 씨(남, 40대 초반)는 '13.07.04일 16시경 자택 컴퓨터를 통해 인터넷을 실행 후 네이버(http://naver.com)에 접속하자 금융감독원을 사칭한 보안 인증 팝업창이 뜨는 것을 확인하였고, 해당 팝업창을 클릭하자 개인금융거래정보를 입력하라는 내용을 보고 사기임을 의심하지 않고 관련 정보 일체를 입력하였으며, 익일 오전 10시경에도 동일한 팝업창을 통해 접속하여 본인 소유의 타 계좌의 정보 일체도 입력하였는데, 07.04일 22시~07.07일 01시까지 약 이틀 동안 총 15회에 걸쳐 3,000만 원 상당의 금전 피해를 입음.

　이렇게 매일 이용하던 사이트가 범죄에 노출되었으리라고는 상상도 못 했을 것이다. 아마 포털사이트와 금융감독원이 연계하여 보안

인증을 강화했으리라고만 생각했을 뿐. 특히 인터넷에 익숙하지 않은 장년층에서 이러한 일이 발생하였다. 아마도 청년층에서는 의심을 하고 입력하지 않았거나, 귀찮아서 입력하지 않았을 것이다.

어쨌든, 이렇게 매일 이용하는 사이트, 특히 은행 사이트도 아닌데 금융정보를 입력하게 하여 자신의 계좌에서 몰래 금전을 인출해 가는 경우가 발생하였으므로 주의해야 할 것이다.

07 메신저로 돈을 빌려달라는 친구

필자도 실제 겪었던 일이다. 국회의원 의원실에서 근무할 당시에 이용하던 인터넷 메신저 네이트온. 대화상대로 등록된 친구가 어느 날 갑자기 말을 걸며, 돈을 빌려달라고 하였다.

뭔가 미심쩍어 곧바로 말을 건 친구에게 전화를 걸었더니 친구 본인은 그러한 메신저를 한 적이 없다고 대답하였다. 하마터면 돈을 이체하고 친구를 원망할 뻔한 것이다.

메신저 피싱

- **사기수법**

타인의 인터넷 메신저 아이디와 비밀번호를 해킹하여 로그인한 후 이미 등록되어 있는 가족, 친구 등 지인에게 1:1 대화 또는 쪽지 등을 통해 금전, 교통사고 합의금 등 긴급자금을 요청하고 피해자가 속아 송금하면 이를 편취. 메신저 피싱 역시 해외에 서버를 두고 해킹하는 경우가 많고 대포통장을 이용하기 때문에 범인 검거가 쉽지 않음.

- **피해사례**

회사원 E씨(28세, 여)는 오후 4시경 친언니의 네이트온 아이디를 도용한 사기범으로부터 "급하게 송금해줘야 할 데가 있으니 ○○○ 명의 계좌로 270만 원을 송금해주면 저녁에 주겠다."는 메시지를 받고 송금하여 피해를 봄.

이렇게 피해를 입는 이유는 아마도 메신저를 주로 회사에서 이용하기 때문이라고 판단된다. 회사에서 근무 시간에 곧바로 친구에게 전화를 걸어 확인하기가 어렵기 때문이다. 또 자신이 이용하던 메신저로 친구가 말을 걸어오는 상황에서 누가 이것을 '아, 내 친구가 해킹을 당해, 사기범들이 말을 걸어오는 것이구나!' 하겠는가.

이러한 메신저 피싱에도 특징적인 것이 있는데, 우선 "사고로 인해 휴대폰이 잘 되지 않는다."고 연락을 피하며 본인 확인을 거부하고, "사고 처리를 지금 안 하면 구속이래."라며 급박하게 재촉한다. 마지막으로 "지금 공인인증서가 없어서 인터넷뱅킹이 안 된다."고 하며 "내가 집에 가게 되면 바로 돈을 갚겠다."라는 식으로 이성적인 판단을 하지 못하게 한 후, 옆에 있는 친구 계좌로 보내달라고 하는 것이다.

08 영화에서나 보던 일이, 현실로?
(공인인증서를 재발급받은 사안)

상담을 하다 보면, 자신도 모르게 자신의 통장에서 대포통장으로 금원이 이체된 경우가 꽤 많다. 어떻게 피해자도 모르게 피해자 통장에서 대포통장으로 금원을 이체할 수 있었을까.

인터넷뱅킹을 이용해 카드론 대금 및 예금 등 편취 1
(피싱사이트를 통해 금융거래정보 획득)

• 사기수법

명의도용, 정보 유출, 범죄사건 연루 등 명목으로 피해자를 현혹하여 피싱사이트를 통해 신용카드 정보(카드번호, 비밀번호, CVC번호) 및 인터넷뱅킹 정보(인터넷뱅킹 ID, 비밀번호, 계좌번호, 공인인증서 비밀번호, 보안카드번호 등)를 알아낸 후, 사기범이 ARS 또는 인터넷으로 피해자 명의로 카드론을 받고 공인인증서 재발급을 통해 인터넷뱅킹으로 카드론 대금을 사기범 계좌로 이체하여 편취.

• 피해사례

P 씨(60대, 남)는 경찰청 수사관을 사칭하는 자로부터 "당신의 예금계좌가 범죄에 연루되었으니 신용카드번호와 비밀번호 등을 알려 달라."는 전화를 받고 신용카드 정보를 알려주었는데, 이후 사기범이 동 정보

> 를 이용하여 피해자 명의의 신용카드(4장)로 피해자 명의의 카드론 4,800만 원을 받은 후 다시 피해자에게 전화를 해서, "당신의 통장에 범죄자금 4,800만 원이 입금되었으니 국가안전계좌로 이체하라."고 요구, 피해자는 사기범이 불러주는 계좌로 4,800만 원을 이체하여 피해를 봄.

위 사안과 달리 최근에는 '신한은행, 정유미 과장'이라고 사칭하여 '최저금리'를 내세워 기존의 고금리 대출을 바꿔주겠다고 하며 대출을 유도한다. 피해자들은 이미 여러 곳의 대부업체로부터 대출을 받아 고금리에 허덕이고 있어, 제1금융권에서 저금리 대출을 해준다고 하니 마다할 리가 없다.

이에 피해자들은 사기범들이 불러주는 대로 팩스로 자신의 신분증 사본과 통장 사본, 보안카드번호 등을 술술 불러주며 대출이 되기를 기다리고 있다. 사기범들은 모든 정보를 입수한 후 인터넷으로 피해자 명의의 공인인증서를 재발급받는 것은 물론, 인터넷으로 저가형 알뜰 휴대전화를 구입한다. 이렇게 한 후, 더 높은 금리의 대부업체의 인터넷 사이트에 접속하여 피해자 명의로 대출을 신청한다. 모든 연락은 사기범들이 미리 개통한 피해자의 알뜰폰으로 연락이 된다.

또 사기범들은 피해자에게 ○○에서 전화가 올 터이니 잘 받으라고 한다. 피해자들은 신한은행이라고 믿고 있기에 사기범들이 하라는 대로 전화도 잘 받는다. 사기범들은 피해자에게 며칠 뒤면 신한은행으로부터 대출이 될 것이라고 말해두어 피해자를 안심시킨다. 피해자도 며칠간 은행 일을 보지 않고 자신의 일을 하며 기다리고 있다.

이러는 사이 자신도 모르게 높은 고금리의 대부업체로부터 대출이 진행되고 있다. 이렇게 대출이 완료되면 피해자의 통장에 대출금이 입금되는데, 입금이 되자마자 사기범들은 미리 받아놓은 피해자 명의의 공인인증서를 이용해 대포통장으로 이체한 뒤, 곧바로 인출해 버린다. 며칠 뒤, 피해자들은 대부업체로부터 대출계약서에 서명을 하라는 우편물을 받고 자신이 보이스피싱에 당하였다는 것을 알게 된다.

피해자들은 어떻게 해서 신한은행 직원이라고 믿을 수 있었을까. 사기범들은 신한은행 직원이라고 하면서 신한은행 본점 전화번호를 알려주며 여기에 전화를 걸어 직원임을 확인하라고 한다. 그러면 피해자들은 직접 전화를 걸어 이러한 사람이 있느냐고 물어본다. 이때 본점에서는 그러한 직원이 있다고 알려준다. 피해자들로서는 믿을 수밖에 없는 것이다. 이런 신분 확인 수법은 '검찰청 직원'의 경우도 마찬가지인데, 전화를 걸면 실제로 그러한 직원이 있어 믿을 수밖에 없는 것이다.

또 다른 유사 사례를 보자.

인터넷뱅킹을 이용해 카드론 대금 및 예금 등 편취 2
(피싱사이트를 통해 금융거래정보 획득)

• 사기수법

명의도용, 정보 유출, 범죄사건 연루 등 명목으로 피해자를 현혹하여 피싱사이트를 통해 신용카드 정보(카드번호, 비밀번호, CVC번호) 및 인터넷뱅킹 정보(인터넷뱅킹 ID, 비밀번호, 계좌번호, 공인인증서 비밀번호, 보안카드번호 등)를 알아낸 후, 사기범이 ARS 또는 인터넷으로 피해자 명의로 카드론을 받고 공인인증서 재발급을 통해 인터넷뱅킹으로 카드론 대금을 사기범 계좌로 이체하여 편취.

• 피해사례

L 씨(20대, 여)는 오후 1시경 경찰청 수사관을 사칭하는 자로부터 "최근 사기범을 검거하였는데 당신 명의의 통장이 범죄에 이용되고 있다."는 전화를 받고 그러한 사실이 없다고 하자, 사기범이 "개인정보가 유출되어 명의가 도용된 것 같다. 신속히 경찰청 홈페이지에 접속하여 개인정보 침해 신고를 해야 한다."고 강요하여 피해자는 사기범이 알려준 경찰청 홈페이지를 가장한 피싱사이트에 접속하여 거래은행명, 계좌번호 및 계좌 비밀번호, 이체비밀번호, 보안카드번호, 신용카드(3장) 번호 및 비밀번호, CVC번호 등을 입력하였음.

그러자 사기범은 피해자가 입력한 금융거래정보 등을 이용하여 공인인증서를 재발급받고, 피해자 명의로 카드론 2,000만 원을 받은 후 인터넷뱅킹을 이용해 카드론 대금 2,000만 원과 피해자 명의의 마이너스통장에서 1,300만 원 등 합계 3,300만 원을 사기범 계좌로 이체하여 편취.

공인인증서를 재발급받아 범죄가 진행되는 경우에는 피해자도 모르게 이체되기 때문에 피해가 커질 수밖에 없다. 은행 측에서는 공인인증서를 발급하여 인터넷뱅킹을 이용하기 때문에 자신들은 과실이 없다고 한다.

해외에서는 각 은행들이 자신들만의 보안책을 마련하여 인터넷뱅킹을 운영하는 데 반해, 우리나라에서는 사기업에서 운영하는 공인인증서를 발급받아 인터넷뱅킹을 운영한다. 은행 측으로서는 외부용역을 준 셈이다. 정부에서도 마찬가지로 공인인증서 하나만을 가지고 보안을 다하였다고 한다.

그러나 범죄를 통해 명의자 몰래 공인인증서가 쉽게 재발급되자, 공인인증서가 보안매체로서 과연 실효성이 있는지에 대한 문제가 수면 위로 떠올랐다. 최근에는 공인인증서 이외에도 개인 확인을 위한 ARS 인증이나, 문자 인증을 하기도 한다. 그러나 가장 큰 문제는 공인인증서를 발급하는 업체에서도 개인정보가 줄줄 흘러나간다는 사실이다. 실제로 공인인증서를 발급하는 직원이 돈을 받고 고객정보를 유출한 사례도 있었다.

날이 갈수록 범행이 지능화된다고 하지만, 그 뒷면에는 양심을 파는 개인들이 있었던 것이다. 보안 문제는 민감한 사안이지만, 개인적으로는 공인인증서를 폐지하고 각 은행마다 보안매체를 강화하여 자신들의 방안으로 운영하는 형식으로 바뀌어야 할 것이라고 본다.

09 문자 메시지로 낚였어!

보이스피싱 범죄는 다양하게 진화하고 있는데, 처음에는 전화를 이용하던 것이 메신저로, 메신저를 이용하던 것이 스마트폰으로 발전하면서 범죄 수법이 교묘해지고 있다. 스마트폰이 보급되기 전에는 휴대폰에 문자메시지를 대량으로 발송해 통화를 연결하는 방식이었지만, 스마트폰의 경우에는 통화 연결을 할 필요 없이 인터넷으로 바로 연결을 할 수 있기 때문이다.

종종 뉴스에서 보도되는 것과 같이 스팸 문자를 통해 피해자 몰래 정보이용료 결제까지 유도하는 형태가 되었는데, 사서함 접속 유도 서비스를 통하여 각종 휴대폰 스팸이 등장하고 있다.

> **금융회사, 금감원 명의의 허위 긴급공지 문자메시지로 기망,
> 피싱사이트로 유도하여 예금 등 편취**
>
> • 사기수법
>
> 금융회사 또는 금융감독원에서 보내는 공지사항(보안승급, 정보 유출 피해 확인 등)인 것처럼 문자메시지를 발송하여 피싱사이트로 유도한 후 금융거래정보를 입력하게 하고 동 정보로 피해자 명의의 대출 등을 받아 편취.

〈금융감독원 사칭 문자메시지〉　　〈금융회사 사칭 문자메시지〉

• 피해사례

D 씨(40대, 여)는 국민은행 명의의 보안 승급 안내 문자메시지를 받고 아무런 의심 없이 문자메시지에 안내된 사이트에 접속하여 카드번호, 계좌번호 및 공인인증서 정보를 입력하였는데, 이후 예금 인출 500만 원 및 대출 1,000만 원 등이 실행된 것을 확인하고 은행에 문의한 결과 보안 승급 자체가 없다는 말을 듣고 지급정지를 요청하였으나 이미 전액 출금된 상태였음.

위 수법은 모바일뱅킹이 널리 이용되면서 새로운 유형으로 진화한 것이다. 소위 스미싱(Smishing)이라고 하는데, 허위 사이트 주소가 담긴 문자메시지로 웹사이트 접속을 유도하는 형태이다. 이렇게 허위 사이트에 접속하게 하여 피해자의 개인정보를 수집해 이를 토대로 공인인증서를 발급받아 피해자 몰래 대부업체를 통해 대출 계약을 체결하고 이를 피해자 통장으로 입금받아 다시 몰래 이체하는 방식이다.

앞 사례와 유사한데, 문제의 핵심은 공인인증서를 재발급받을 수 있다는 현실에 있다. 은행에서는 비대면거래 방식으로 공인인증서를 발급하기 때문에 공인인증서를 발급받는 자가 피해자인지 아니면 피해자 명의를 가지고 타인이 발급받는 것인지는 확인하지 않고 단지 고객정보가 맞으면 발급해주기 때문이다.

인터넷뱅킹만이 아니라 모바일뱅킹도 이용자가 급증하면서 해외에서도 유사하게 모바일을 통한 범죄가 급증하고 있다. 이중 아이폰 유저를 대상으로 하는 스미싱을 'iPhishing'이라고 하는데, iPhishing은 'IMPORTANT : Your iPhone Warranty Extenion for 1 year!'라는 메시지를 'iPhonewarranty@apple.com'과 같은 주소를 이용하여 애플사에서 보낸 것으로 가장한 후 아이폰의 시리얼 번호와 IMEI 번호를 입력하도록 유도하는 것이다.

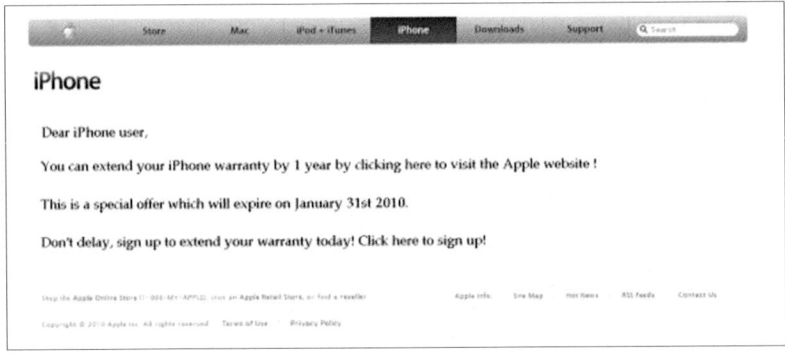

이때 입력하는 번호는 본래 도난신고가 접수된 휴대폰의 접속을 차단할 때 네트워크 서비스 제공자들이 사용하는 식별번호인데 범죄에 악용될 우려가 있다고 한다.[3]

유사한 사례로 다음과 같은 것도 있었다.

---

3) 웹사이트 'naked security'(http://nakedsecurity.sophos.com/2010/01/20/iphish) 참조

물품대금 오류송금 빙자로 피해자를 기망하여 편취

• 사기수법

사기범이 문자메시지 또는 전화로 물품 대금, 숙박비 등을 송금하였다고 연락한 후, 잠시 후 실수로 잘못 송금하였다면서 반환 또는 차액을 요구하여 편취.

• 피해사례

사기범 P 씨는 피해자 L 씨(50대, 남)로부터 고구마 10박스를 45만 원에 구입하기로 하고, 마치 450만 원으로 입금한 것처럼 피해자에게 문자메시지(발송자 명의를 농협으로 조작)를 전송하였음. 이후 피해자 L 씨는 OO농협 365 코너에서 P 씨와 휴대전화로 통화하는 과정에서 P 씨로부터 "고구마 대금 10박스 45만 원을 입금하면서 텔레뱅킹을 하다 보니 실수로 0을 더 눌러 450만 원을 입금하였다."는 말을 듣고 그 차액인 405만 원을 사기범에게 이체하여 피해를 봄.

문자메시지를 통한 피싱은 갈수록 다양해지고 있는데, 우선 URL을 누르지 않고 인터넷에 검색해 보는 것이 예방법이라 할 것이다.

스마트폰과 관련된 보이스피싱 수법에는 어플리케이션을 통한 피싱도 있다. 어플리케이션의 다운로드 및 설치를 통해 개인의 계좌정보와 휴대폰에 저장된 개인정보가 유출될 위험이 있는데, 실제로 국내 카드사의 앱으로 자신도 모르게 카드가 결제되는 사건이 발생하기도

하였다.

　어플리케이션 스토어는 단순한 중개자의 역할밖에 하지 않기 때문에 개발자가 악의적으로 범죄를 저지르기 위해서 어플리케이션 스토어에 피싱 어플리케이션을 등록하기도 한다.

　대표적으로 2009년 12월에 어플리케이션 개발자가 구글의 안드로이드 마켓에 올린 피싱 어플리케이션이 있다. 합법적인 모바일 뱅킹 어플리케이션으로 가장하였으나 실제로는 뱅킹 로그인 정보를 불법적으로 취득하는 목적으로 사용되는 어플리케이션이었는데, 2009년 12월 중순경부터 50여 개가 넘는 뱅킹 어플리케이션이 안드로이드 마켓에 등록되었고, 이를 다운받아 사용하는 피해자의 개인정보를 불법으로 수집하였던 사건이다.

　애플 앱스토어나 구글 안드로이드 마켓의 경우 자체적으로 어플리케이션에 대한 사전 검사를 실시하고 있지만, 이러한 피싱 범죄를 완전히 막기에는 무리가 있다. 다운로드받는 피해자들도 조심해야하겠지만 앞으로 보완이 필요한 부분이라고 생각된다.

10 시키는 대로 자동화기기 앞으로!

　예전에 많이 유행하던 수법으로 피해자에게 전화를 걸어 국세청, 건강보험공단, 국민연금관리공단 직원 등을 사칭하면서 많이 낸 세금을 다시 돌려주겠다고 하여 자동화기기로 유인해 기기를 조작하게 하던 사기 방법이다.
　뉴스에서도 많이 다뤄졌던 사안인데, 우리가 매일 사용하던 자동화기기를 사기범들이 누르라는 대로 누르면 내 통장에서 대포통장으로 이체가 되는 것이다. 신기한 점은, 피해자들은 이체가 진행되는 사실도 모르고 있다가 자신의 통장을 확인한 후 알게 된다는 것이다.

피해자를 기망하여 자동화기기로 유인 편취
(피해자는 이체 사실을 모름)

• 사기수법

ㄱ. 수사기관 직원을 사칭하는 자가 피해자에게 전화를 걸어 피해자의 계좌가 사건(범죄)에 연루되어 피해자 명의 계좌의 안전 조치가 필요하다고 기망하여 현금지급기로 유인, 기기를 조작하게 하여 자금을 편취.

ㄴ. 국세청, 건강보험공단, 국민연금관리공단 직원 등을 사칭하는 자가 피해자에게 전화를 걸어 세금, 보험료, 연금 등이 과다 또는 오류 징수되어 환급하여 주겠다며 자동화기기로 유인, 기기를 조작하게 하여 자금을 편취.

• 피해사례

사례 1

A 씨(60대, 남)는 검찰 수사관을 사칭하는 자로부터 "사기범을 검거했는데 A씨 명의의 계좌를 사용하고 있어 금감원 직원이 계좌안전조치를 해줄 것이니 현금지급기로 가서 기다려라."는 전화를 받고 현금지급기로 가서 기다리던 중 금감원 직원을 사칭하는 자가 전화로 현금지급기를 조작토록 유도하여 1,300만 원의 피해를 봄.

사례 2

H 씨(40대, 여)는 우체국 직원을 사칭하는 자로부터 ARS로 "안녕하십니까, 우체국 직원 ○○○입니다. 고객님께 발송된 택배가 반송되었습니다. 상담을 원하시면 9번을 누르세요."라는 전화를 받고 상담을 받았는데, 우체국 직원을 사칭하는 자가 "개인정보가 노출되었으니 신고해 주겠다."라고 한 후 전화를 끊고, 잠시 후 경찰을 사칭하는 자가 전화를 걸어 "피해 접수를 해 주겠다. 금융거래 안전을 위해 계좌안전조치가 필요하니 현금지급기로 가라."라고 하면서 기기를 조작하게 유도하여 730만 원의 피해를 봄.

사례 3

D 씨(40대, 남)는 건강보험공단 직원을 사칭하는 자로부터 "의료보험료가 많이 걷혔으니 과납된 보험료 50만 원을 주겠다. 불러주는 환급등록번호를 가지고 자동화기기 앞으로 가라."는 전화를 받고 자동화기기로 가서 기다리던 중, 건강보험공단 직원을 사칭하는 자가 전화로 자동화기기를 조작하도록 유도하여 600만 원의 피해를 봄.

지금은 보이스피싱을 이러한 수법으로는 거의 하지 않지만, 알아둔다면 범죄를 예방할 수는 있을 것이다.

보이스피싱 범죄로 인한 피해와 예방

01 보이스피싱으로 인한 피해

보이스피싱이 처음 등장한 '06년 6월부터 '12년 5월까지 총 37,459건, 금액으로는 3,953억 원의 피해가 발생하였다. '06년 이후 피해 현황이 매년 증가하였으나, 금융당국과 금융회사의 피해 예방 대책 시행에 힘입어 '09년부터 감소세로 전환되다가 최근 카드론 보이스피싱, 공공기관 피싱사이트 등의 출현으로 다시 증가하는 양상을 보이고 있다.

초기에는 금융지식이 부족하거나 정보력이 취약한 계층에서 많은 피해를 입었으나, 사기 수법이 날로 진화하면서 점점 연령, 계층과 상관없이 무차별적으로 발생하고 있다.

최근에는 이름, 주민번호, 주소 등 개인신상정보를 미리 알려주면서 정보 유출 또는 해킹 사고 등 사회적 이슈 사건과 연계하여 치밀하게 접근하기 때문에 누구도 보이스피싱으로부터 자유로울 수 없는 상황이 되고 있다.

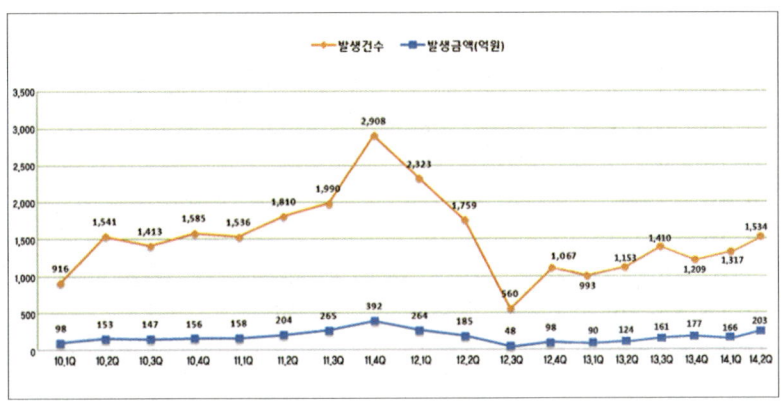

(출처: 금융감독원 자료)

2006년부터 발생한 이러한 보이스피싱 범죄에 대해서 피해액이 커질 때까지 나온 대응책은 '피싱, 예방이 최선입니다'가 전부이다. 물론 주요 제도로서 비대면인출제한제도, 지연인출제도, 채권소멸제도 등이 있지만 거의 모두 2010년 이후에나 나온 것으로 피해 상황을 제대로 파악하지 못하는 것이 현실이다.

잠시 주춤하였던 피싱 범죄는 다시 증가하는 추세인데, 이는 기술형 범죄에 대한 예방 대책이 강화되면서 다시 기존의 방식을 이용한 범죄가 증가하는 현상으로 파악된다.

- '14년 상반기 중 피싱 사기 피해금액[4]은 886억 원(1.3만 건)으로 전년 동기 대비 87.7%(건수 기준 34.1%) 증가
- 특히, 전통적인 보이스피싱 피해금액이 586억 원(5,795건)으로 전년 동기 대비 121.1% 급증(건수기준 39.2%↑)하였으며 피싱·파밍 등 신·변종 사기 피해금액도 300억 원(7,585건)으로 44.9% 증가(건수 기준 30.5%↑)

➡ 최근 사기수법이 더욱 지능화되어 피해가 확대되는 가운데, 기술형 범죄에 대한 예방대책[5]이 강화되면서 전통방식으로 회귀

피싱 사기 피해 발생 신고 현황

(단위: 억 원, 건)

구분		'12년	상반기	'13년	상반기 (a)	'14년 상반기(b)	증감률 (b-a)/a
피싱사기	금액	1,153	833	1,365	472	886	87.7%
	(건수)	22,351	16,408	26,123	9,976	13,380	34.1%
보이스피싱	금액	804	585	818	265	586	121.1%
	(건수)	14,787	11,244	10,917	4,162	5,795	39.2%
피싱 (파밍)	금액	349	248	547	207	300	44.9%
	(건수)	7,564	5,164	15,206	5,814	7,585	30.5%

(출처: 금융감독원, http://www.fss.or.kr)

---

[4] 금융감독원에 접수된 피싱 사기 피해 신고 기준
[5] 파밍사이트 접속 감지·차단 시스템 구축('13.9월~), 신규 생성 피싱사이트 조기 발견·차단('13.12월~), 휴대폰 발송 번호 변경 문자 차단('14.2월~) 등

반면에, 보이스피싱 범죄로 인한 피해금의 환급은 갈수록 줄어들고 있는 것으로 판단된다.

- '14년 상반기 중 피싱 사기 피해금 환급액은 총 111.7억 원(14,635건, 8,931명)으로 전년 동기 대비 72.6%(건수 기준 88.3%) 증가
- 1인당 피해액은 10.5백만 원으로 전년 동기(8백만 원)대비 31.7% 증가한 반면, 1인당 환급액은 125만 원으로 전년 동기(136만 원) 대비 8.4% 감소
- 피해금 환급률은 11.9%로 전년 동기(17.1%) 대비 5.2%p 감소

➡ 사기 수법이 날로 교묘해지면서 피해 인지가 어려워지고 있는 가운데 피해금 인출은 더욱 빨라져 피해금 환급률은 하락

피싱사기 피해금 환급현황

(단위: 건, 억 원)

구 분	'12년	상반기	'13년	상반기(a)	'14년 상반기(b)	증감률(b-a)
피해 구제 건수	26,002	16,665	21,918	7,773	14,635	88.3%
피해금 환급액	271.5	182.8	155.8	64.7	111.7	72.6%
피해금 환급률	20.1	20.3	14.6	17.1	11.9	△5.2%p

주) 피해금 환급일 기준
(출처: 금융감독원, http://www.fss.or.kr)

02 보이스피싱 피해를 줄이려면?

우리나라는 정부의 막대한 투자와 국민들의 관심으로 정보통신 강국의 대열에 합류하였으나, 그만큼 이를 악용한 범죄가 늘어난 것도 사실이다.

이러한 피싱 범죄조직은 점조직으로 구성되어 있어 일당들 간에도 서로 잘 몰라 전체적인 범죄조직의 실체를 파악하기는 매우 어렵다. 이에 따라 조직을 소탕하여 범죄를 완전히 없애고 예방하기는 현실적으로 어려워 보인다. 그렇다면 어쩔 수 없이 국민들이 스스로 범죄를 피하는 방법이 최선일 수밖에 없는 것이다.

03 금융거래정보 요구에는 절대 응하지 말자

알면서도 당하게 되는 것이 바로 보이스피싱이다. 보이스피싱의 가장 핵심적 정보는 바로 당신의 금융정보다. 앞서 피해사례를 보면 알 수 있듯이 전화상에서 개인정보 유출, 범죄사건 연루 등을 이유로 계좌번호, 카드번호, 인터넷뱅킹 정보를 묻거나 인터넷 사이트에 입력을 요구하는 경우 절대 응하지 말아야 한다. 특히 텔레뱅킹의 경우 인터넷뱅킹과 달리 공인인증서 재발급 절차가 필요하지 않기 때문에 범행 수법으로 많이 이용당한다.

공공기관 사칭 금융사기

정보유출, 범죄연루 보호조치 믿으면 안돼요 ♬

♬ 검찰청, 경찰청, 금융감독원 등 공공기관은 전화로 개인정보나 금융거래정보를 묻지 않아요. 믿으면 안돼요 ♬

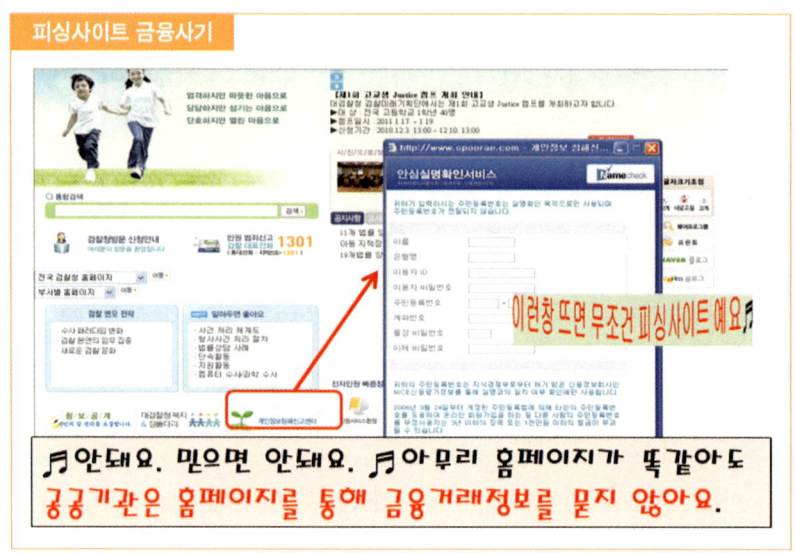

　피싱사이트는 go.kr/or.kr 등의 공공기관 주소가 아닌 net/com 등의 주소를 쓰고, 개인정보 또는 금융정보를 입력하도록 유인하는 특정 코너 이외의 다른 코너는 대부분 활성화되지 않는 경우가 많다. 이러한 특징을 참고하도록 하자.

　사기범이 직접 불러주는 전화번호나 인터넷 주소를 통하지 말고, 반드시 114 또는 포털사이트 등을 통해 확인한 전화번호나 홈페이지를 통해 접속해야 한다.

04 현금지급기로 유인한다면 100% 범죄에 연루된 것이다

전국 어디에서나 현금지급기를 흔하게 볼 수 있다. 은행이 닫은 늦은 시간이라도 쉽게 예금을 찾을 수 있고 필요에 따라 신용카드의 현금서비스를 사용할 수 있다. 공과금까지 가상계좌 또는 전자납부로 내는 시대에 현금지급기로 세금, 보험료 등을 환급해 준다는 것은 결코 낯선 일이 아니다. 그러나 어떤 관공서 및 여신기관도 직접 고객에게 전화를 걸어 세금, 보험료를 환급해 준다고 하지 않으며, 필요에 따라 내방을 요구한다는 것을 분명히 유의해야 한다. 따라서 현금지급기를 이용하여 세금, 보험료 등을 환급해 준다거나 계좌안전조치를 취해주겠다면서 현금지급기로 유인하는 경우 절대로 응하면 안 된다.

계좌이체 유도 금융사기

♬ 경찰도 은행도 금융감독원도 현금인출기로 예금보호조치를 하지 않아요. 믿으면 안돼요. ♬ 전화 끊으세요.

05 자녀 납치 보이스피싱에 미리 대비하자

요즘 연수 또는 유학으로 자녀를 홀로 해외에 보내는 가정이 많아졌다. 자녀를 해외로 보낸 가정에 갑자기 납치 전화가 온다면 그 부모는 그야말로 마른하늘에 날벼락이 떨어진 것처럼 눈앞이 깜깜해질 것이다. 해외라서 시차도 있고 연락도 잘 안 될 텐데, 패닉 상태에 빠진 부모는 섣불리 돈을 입금하고 자녀의 안전한 귀가를 바랄 것이 분명하다. 따라서 자녀 납치 보이스피싱 대비를 위해 평소 자녀의 친구, 선생님, 인척 등의 연락처를 미리 확보하고 해외로 유학을 보낸 자녀의 어학원 전화번호나 24시간 비상 연락망을 확보해야 한다.

실제로 필자의 어머니도 동생이 납치되었다는 전화를 받고 휴대폰을 들고 은행까지 가서 이체하기 직전에야 은행에 상주해 있던 경찰의 도움을 받아 피해를 막을 수 있었다. 그 후 필자의 가족은 동생의 친구 전화번호 등을 전화기 옆에 미리 적어두어 범죄 피해를 예방하고 있다.

자녀 납치 사기전화

자녀납치, 주변 지인 도움 요청하세요

♪ 자녀납치 전화를 받은 경우 침착히 대응하면서 지인 등을 통해 자녀안전 여부를 확인하세요.

06 개인금융거래정보를 미리 알고 접근하는 경우에는 내용의 진위를 먼저 파악하자

개인정보 유출 사고가 수시로 터지는 이 판국에 과연 내 정보가 안전할까? 우리나라 국민 중 열에 아홉은 신용카드 또는 현금카드를 보유하고 있는데, 대부분의 카드사가 이미 개인정보 유출로 일련의 사태를 겪었다. 당국은 정기적으로 공인인증서를 재발급받고 각 홈페이지의 비밀번호를 바꾸라고 권유하고 있으나 이 또한 실효성이 크지 않다. 대부분의 보이스피싱은 개인금융거래정보를 미리 알고 접근하는 경우가 많으므로 전화, 문자메시지, 인터넷 메신저 내용의 진위를 반드시 확인하는 절차를 가져야 한다.

메신저, 문자메시지 사기

전화 또는 문자메시지, 진위여부 확인하세요.

♪ 동창회, 친구, 대학입시처, 거래처 등을 가장하여 메신저 또는 문자메시지로 계좌번호를 알려주며 송금을 요구하거나 물품대금 송금 오류로 반환을 요구하는 경우 사실관계나 입금내역을 확인하세요.

07 피해를 입은 경우에는 곧바로 112 콜센터를 통하여 지급정지를 신청할 수 있다

예전보다 보이스피싱 피해로 인한 은행들의 대처가 빨라지고 있는 추세다. 보이스피싱과 더불어 개인정보 유출로 인해 국민들이 어느 때보다 민감한 반응을 보이고 있는 상황에서 당국과 금융기관도 그에 대한 노력을 보이고 있는 셈이다. 보이스피싱을 당한 경우 경찰청 112 콜센터 또는 금융회사 콜센터를 통해 신속히 사기계좌에 대해 지급정지를 요청해야 한다. 다시 한 번 말하지만 지급정지를 요청하는 것은 피해금액을 최소화할 수 있는 유일한 방법이며, 불과 몇 초 차이로 모든 피해금액을 잃어버릴 수 있다.

08 유출된 금융거래정보는 즉시 폐기하자

최근 개인정보 대량 유출 사태로 인해 금융권과 당국이 꽤 시끄러웠다. 유출 피해사례가 한 집 건너 한 집일 정도로 많은데, 만약 본인의 개인정보가 유출되었다면 해당 금융거래정보는 즉시 해지하거나 폐기해야 한다. 비록 유출한 책임이 있는 은행들의 태도는 비난받아 마땅하지만, 이용자로서는 카드나 통장 등을 재발급받고 비밀번호를 변경하는 것이 최선의 방법일 것이다.

유출 금융정보 폐기

 유출된 금융거래정보, 신속히 해지 또는 폐기하세요.

♬ 개인정보를 악용한 추가적인 피해가 우려되는 경우 가까운 은행에 방문하여 "개인정보노출자 사고예방시스템"에 등록하세요.

09 예금통장 및 카드를 돈 받고 팔지 말자

　대포통장으로 이용되는 통장들의 대부분은 대출 대환이나 취업 알선 등의 사기 수법을 통해 수집된 것이다. 통장이나 현금(체크)카드 양도는 전자금융거래법 위반으로 3년 이하의 징역 또는 2천만 원 이하의 벌금에 해당하는 처벌을 받을 수 있는 엄연한 범죄다. 이 때문에 보이스피싱을 당한 피해자가 대포통장 명의자에게 소송을 진행하여 합의금을 받는 경우가 종종 있다. 물론 대포통장 명의자도 어찌 보면 피해자라고 생각될 수 있으나 법적으로는 분명히 형사책임이 발생한다. 따라서 어떠한 경우에도 타인에게 양도하지 말아야 한다.

☎ 전화금융사기 피해 신고 및 상담 안내

피해 신고 및 상담 내용	피해 신고 및 상담기관
① 지급정지 요청	경찰청 (☎112 콜센터), 금융회사 (☎각 콜센터)
② 피해구제신청서 제출	금융회사 (본점 또는 영업점)
③ 피싱사이트 신고	한국인터넷진흥원 (☎118) 금융감독원 (☎1332)
④ 피해 상담 및 환급제도 안내	금융감독원 (☎ 1332)

10 발신(전화)번호는 조작이 가능함을 유의하자

'설마 자주 이용하는 은행 번호로 문자가 왔는데 보이스피싱이겠어?'라고 방심하다가 크게 당하는 경우가 있다. 불과 몇 년 전까지만 해도 인터넷을 통해서 문자메시지의 발신번호를 쉽게 변경할 수 있었다. 지금은 법적으로 금지되어 있으나 발신번호 조작은 결코 어려운 기술이 아니기 때문에 설사 은행 번호로 연락이 왔다고 하더라도 금융정보를 요구하는 경우 무조건 의심을 해야 한다. 그리고 텔레뱅킹의 경우 사전지정번호제[6]에 가입되었다 하더라도 이 또한 인터넷 교환기를 통해 발신번호 조작이 가능하므로, 사기범들이 피해자들에게 '사전지정번호제에 가입한 본인 외에는 어느 누구도 텔레뱅킹을 이용하지 못하니 안심하라'고 하는 말에 현혹되지 말아야 한다.

---

[6] 사전에 등록된 특정 전화번호로만 텔레뱅킹을 할 수 있는 제도

11 금융회사 등의 정확한 홈페이지 여부 확인이 필요하다

당신이 잘 알고 있는 포털사이트 또는 홈페이지의 주소 철자 중 하나만 바꿔서 접속해 보자. 분명 유사하거나 광고로 도배된 사이트가 나올 것이다. 피싱사이트의 대부분은 정부기관의 홈페이지 주소와 유사한 네이밍을 갖고 피해자에게 접근한다. 약간만 관심을 갖고 주의 깊게 살펴보면 정상적인 사이트가 아님을 알아챌 수 있지만, 조급한 심정으로 접속한 피해자가 쉽게 알아볼 리 만무하다. 게다가 진짜 사이트와 외관상으로 거의 구별이 안 될 정도로 정교하게 제작된 피싱사이트도 늘고 있으며 이외에도 피해자의 컴퓨터나 스마트폰에 깔려있는 해킹 프로그램으로 피해자에게 접근하는 경우가 많다. 그러므로 우선 문자메시지, 이메일 등으로 수신된 금융회사 및 공공기관의 홈페이지는 반드시 인터넷 검색 등을 통해 정확한 주소인지를 확인하고 혹시라도 의심된다면 무조건 경찰에 신고를 하자.

12 「전자금융사기 예방서비스」를 적극 활용하자

보이스피싱에 따른 피해가 사회적 문제로 대두하면서, 그동안 일부 은행권 인터넷뱅킹 이용자를 대상으로 시범적으로 시행되었던 '전자금융사기 예방서비스'가 2013년 9월 이후 모든 금융고객으로 확대되어 현재 전면적으로 시행되고 있다. 하지만 전자금융사기 예방서비스를 사칭한 피싱 피해사례도 접수되고 있는 만큼 예금 인출 사고를 당하거나 거래 도중 전자금융사기 예방서비스의 문제가 발생하면 즉각적으로 해당 금융회사 콜센터를 통해 해결해야 한다.

CHAPTER 4

보이스피싱 범죄의 처벌과 피해자 구제

01 보이스피싱 범죄의 적발

가짜 검찰청 사이트로 4억여 원 빼낸 보이스피싱 일당 적발

대구 중부경찰서는 3일 가짜 검찰청 사이트에 접속하게 한 뒤 금융정보를 빼내 4억여 원을 가로챈 혐의(사기)로 중국 국적의 허 모(26) 씨와 국내 원격지원책인 윤 모(32) 씨 등 내국인 3명을 구속하고 연락책 고 모(33) 씨 등 2명을 불구속 입건했다.

허 씨 등은 중국 해커로부터 구입한 1만여 건의 개인정보와 가짜 검찰청 사이트를 이용, 김 모(27·여) 씨 등에게 전화를 걸어 "개인정보가 범죄에 이용됐으니 사이버 신고를 해야 한다"며 가짜 사이트 접속을 유도해 올 4월부터 2개월여 동안 28명의 통장 계좌에서 4억 3,600만 원을 빼내 가로챈 혐의를 받고 있다. (출처: 뉴시스)

서민 상대 대출사기 벌인 국내 보이스피싱 조직 검거

서민들을 상대로 대출 사기를 벌인 국내 보이스피싱 조직이 검찰에 적발됐습니다.

서울 북부지방검찰청은 정상적인 대출이 불가능한 서민들을 상대로 대출을 해 주겠다며 수수료 명목으로 수억 원을 가로챈 혐의로 37살

> 윤 모 씨 등 국내 보이스피싱 조직원 7명을 구속기소 했습니다.
> 　동네 선후배 사이인 윤 씨 등은 2011년부터 2달여 동안 모 캐피탈 등의 명의로 대출 문자를 전송한 뒤 이를 보고 연락해 온 사람들에게 "대출을 위해선 신용등급을 상향해야 한다"며 수수료를 받는 수법으로 110여 명으로부터 4억 5천여만 원을 받아 가로챈 혐의를 받고 있습니다. (출처: KBS 뉴스)

　일주일에 한 번쯤은 뉴스에서 보이스피싱 조직이 검찰이나 경찰에 적발되는 사례가 나오고 있다. 보통 이러한 조직체를 색출하는 방식은 인출책부터 시작해서 인출책이 실토한 공범을 검거하는 형태다.

02 통장을 만들어 준 것도 죄가 되나요?

통장을 만들어 주면 돈을 준다기에 만들어 준 준우. 어느 날 갑자기 경찰서에서 조사를 받으라는 전화가 온다. 무슨 일인가 싶어 물어보니 자신의 통장이 범죄에 이용되었다고 한다. 바로 대포통장으로 이용되었다는 것이다.

실제로 통장을 사고파는 것은 전자금융거래법상 '접근매체 양도'를 한 자로서 3년 이하의 징역 또는 2천만 원 이하의 벌금에 처하게 된다.[7]

물론, 통장을 단순히 빌려주거나 일시적으로 사용하게 하는 것까지 처벌되는 것은 아니다. 그러나 통장이 범죄에 이용된다는 것을 알고 돈을 받고 확정적으로 양도한 경우에는 처벌을 받게 되니 주의하여야 한다.

다만, 앞서 살펴본 사례와 같이 대출해 주겠다는 말에 속아 통장을 건네주었는데 사기범들이 이를 이용하여 보이스피싱 범죄를 저지른 경우까지 형사적 처벌을 하지는 않는다.

1) 실제 사례

Q 저는 대출 광고 문자메시지를 보고 전화를 걸었습니다. 상담원은 자신을 '○○캐피탈' 직원이라고 하였으며, 저에게 대출을 위해 거래실적을 쌓아야 한다고 하였습니다. 거래실적을 쌓는 것은 어렵지 않았는데 상담원은 자신에게 은행 통장과 체크카드를 보내면 ○○캐피탈에서 거래실적을 쌓아준다고 하였습니다. 이렇게 대출실적이 쌓이면 대출한도도 높아지고, 대출이자도 어느 정도 낮아진다고 하였고, 실적을 위해 보낸 저의 카드는 실적을 쌓은 후 대출 전에 우편으로 보내준다고 하였습니다. 그래서 저는 별다른 의심 없이 ○○캐피탈에서 보낸 퀵서비스 배달원에게 저의 카드와 통장을 보냈는데, 얼마 뒤 검찰에서 제가 보낸 통장이 보이스피싱에 이용되었다며 기소유예 처분(혹은 벌금의 약식명령 등)을 내렸습니다. 저처럼 속아서 통장을 건넨 것도 형사처벌을 받아야 하나요?

A 결론적으로 말씀드리면, 대출해 주겠다는 말에 속아 통장을 일시적으로 통장을 건네준 경우에는 처벌되지 않습니다. 전자금융거래법 제49조 제4항 제1호는 같은 법 제6조 제3항 제1호를 위반하여 접근매체를 양도하거나 양수하는 행위를 처벌하고 있는바, 여기서 말하는 '양도'에는 단순히 접근매체를 빌려주거나 일시적으로 사용하게 하는 행위는 포함되지 않기 때문입니다.

따라서 대출해 주겠다는 말에 속아 예금통장과 현금카드 및 비밀번호 등 접근매체를 교부한 경우 그 접근매체의 일시 사용을 위임한 데 지나지 않는다면 이를 전자금융거래법 제6조 제3항 제1호에서 말하는 접근매체의 '양도'에 해당한다고 할 것은 아니라는 것이 법원의 입장입니다. (헌법재판소 2014. 4. 24. 선고 2012헌마594 [기소유예처분취소], 서울북부지방법원 2011. 8. 16. 선고 2011노445 판결 등 참조)

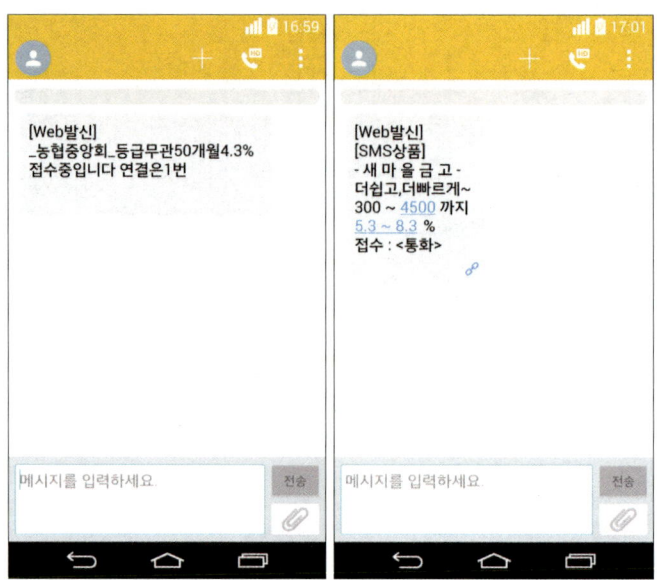

위와 같은 문자를 받은 경우에는 해당 업체를 직접 방문하여 사실 확인을 한 후 대출 상담을 하는 것이 범죄를 예방하는 길입니다.

2) 관련 판례

▶ 헌법재판소 2014. 4. 24. 선고 2012헌마594
【기소유예처분취소】

헌법재판소는 2014년 4월 24일 관여 재판관 전원 일치 의견으로, <u>청구인이 체크카드 1매를 성명불상자에게 양도하였다는 전자금융거래법 위반 혐의를 인정한 피청구인의 기소유예처분은 자의적인 검찰권의 행사로서 청구인의 평등권과 행복추구권을 침해한 것이므로 취소한다는</u> 결정을 선고하였다(인용).

■ 사건의 개요

청구인은 2012. 4. 18. 피청구인으로부터 전자금융거래법위반 혐의로 기소유예처분(○○지방검찰청 ○○지청 ○○○○년 형제○○○○호, 이하 '이 사건 기소유예처분'이라 한다)을 받았는바, 피의사실의 요지는 다음과 같다.

"청구인은 2012. 2. 2.경 강릉시 ○동에 있는 ○○○ 프라자 앞 노상에서 퀵서비스를 통해 청구인 명의로 된 전자금융거래 접근매체인 ○○체크카드 1매를 성명불상자에게 양도하였다."

이에 청구인은 이 사건 기소유예처분이 청구인의 평등권과 행복추구권을 침해한다고 주장하면서 2012. 7. 5. 그 취소를 구하는 이 사건 헌법소원심판을 청구하였다.

■ 결정이유 요지

전자금융거래법 제49조 제4항 제1호는 같은 법 제6조 제3항 제1호를 위반하여 접근매체를 양도하거나 양수하는 행위를 처벌하고 있는바, 여기서 말하는 '양도'에는 단순히 접근매체를 빌려 주거나 일시적으로 사용하게 하는 행위는 포함되지 아니한다.

따라서 대출을 해 주겠다는 말에 속아 예금통장과 현금카드 및 비밀번호 등 접근매체를 교부한 경우 그 접근매체의 일시 사용을 위임한 데 지나지 않는다면 이를 전자금융거래법 제6조 제3항 제1호에서 말하는 접근매체의 '양도'에 해당한다고 할 것은 아니다.

다만, 전자금융거래법이 전자금융거래의 법률관계를 명확히 하여 그 거래의 안전성과 신뢰성을 확보하는 것을 입법목적의 하나로 하고 있는 점(제1조) 등을 고려하면, 접근매체를 교부하게 된 동기 및 경위, 교부 상대방과의 관계, 교부한 접근매체의 개수, 교부 이후의 행태나 정황, 교부의 동기가 된 대출에 관하여 그 주체, 금액, 이자율 및 대출금의 수령방식 등에 관한 합의가 있었는지 여부 등 관련 사정을 객관적으로 판단해 볼 때, 접근매체의 교부가 대출을 받기 위한 수단이라기보다는 대출의 대가로 다른 사람이 그 접근매체를 이용하여 임의로 전자금융거래를 할 수 있도록 하는 것을 미필적으로라도 용인한 것으로 볼 수 있다면, 이는 전자금융거래법 제6조 제3항 제1호에서 말하는 접근매체의 양도에 해당하고 그에 관한 고의도 있다고 보아야 한다.

이 경우 접근매체의 교부가 단지 접근매체의 일시 사용을 위임한 것에 불과한 것인지 아니면 접근매체를 양도한 것인지는 위에서 본 여러 사정을 종합적으로 고려하여 구체적 사건에 따라 개별적으로 판단하여야 한다.

기록에 의하여 인정되는 사실에 나타난 다음과 같은 사정, 즉 청구인은 대출 광고 문자메시지를 보고 전화를 걸어 상담원과 대출 상담을 하였고, 체크카드 등을 보내주면 신용대출을 받을 수 있을 것으로 기

대하고 이를 교부한 점, 상담원은 자신을 'OO캐피탈' 직원이라고 하였으며, 청구인은 대출을 위해 거래실적을 쌓아야 한다는 상담원의 말에 따라 OO에서 개설한 통장의 사본과 그 체크카드를 보내준 점, 청구인은 1개의 통장사본 및 그 체크카드를 보냈는데 위 통장은 청구인이 2011년에 개설하여 계속 사용하던 것인 점, 대출한도, 청구인이 원하는 대출금액, 이자 등 대출약정의 조건에 대하여 어느 정도 이야기가 이루어진 점, 비록 그 시기 등이 분명하지는 않지만 교부한 체크카드 등을 돌려받을 방법과 장소가 정해져 있었던 점, 청구인이 위 체크카드 등을 보내 준 것에 대하여 어떠한 대가를 지급받았다는 사정은 보이지 않는 점 등을 종합하여 보면, 청구인은 대출업 상담원임을 가장한 사람의 거짓말에 속아 오로지 대출을 받을 목적으로 그에게 접근매체인 체크카드를 일시 사용하도록 위임한 것으로 볼 여지가 있고, 비록 대출업체의 실제 존재 여부 및 그 사무실의 위치 등을 적극적으로 확인하지 아니하고 체크카드 등을 돌려받을 구체적인 시기 등에 대하여 명확히 협의하지 않았다고 하더라도, 이러한 사정만으로는 청구인에게 접근매체인 체크카드를 양도한다는 고의가 있었다고 단정하기 어렵다.

위와 같이 청구인에게 접근매체인 체크카드를 양도한다는 고의가 있었다고 단정하기 어려운 사정이 있음에도, 피청구인은 청구인이 실제 대출이 필요한 상황이었는지, 퀵서비스를 통해 체크카드 등을 어디로 보냈는지, 체크카드 등을 송부하고 이에 대한 대가를 수령하였는지, 체크카드 송부 이후의 상황에 어떻게 대처하였는지를 조사하는 등 청구인의 양도의사 유무에 대하여 더 면밀하고 충분한 조사를 하지 아니한 채 이 사건 기소유예처분을 하였는바, 이는 중대한 수사미진 및 자의적 증거판단에 터 잡아 이루어진 것이다.

■ 결정의 의의

전자금융거래법에서 금지하는 접근매체의 양도에는 단순히 접근매체를 빌려주거나 일시적으로 사용하게 하는 행위는 포함되지 아니한다는 점을 확인하였다.

통장을 거래했다고 하여 유죄가 선고되었으나 항소심에서 무죄가 선고된 사안

▶ 서울북부지방법원 2011. 8. 16. 선고 2011노445 판결
【전자금융거래법위반】

피고인이, 대출업자를 가장한 성명불상자 甲에게 속아 피고인 명의 계좌의 전자금융거래 접근매체 등을 넘겨주고 대출이 실행되면 돌려받기로 하였는데, 위 계좌가 甲의 '보이스피싱' 사기 범행에 이용되어 전자금융거래법 위반으로 기소된 사안에서, 피고인의 행위가 같은 법 제49조 제4항 제1호에서 말하는 접근매체를 '양도'한 경우에 해당한다고 보기 어려울뿐더러, 피고인에게 행위 당시 '접근매체를 양도'한다는 범의가 있었다고 보기도 어렵다고 한 사례.

■ 판결요지

[1] 전자금융거래법 제49조 제4항 제1호에서 말하는 '양도'는, 양수인

만이 당해 계좌관련 접근매체에 대한 '기간 제한이 없는 배타적 이용'을 할 수 있다는 의미의 승낙과 그에 따른 수단의 제공, 즉 접근매체에 관한 배타적 이용가능성의 확정적 이전을 말한다(접근매체 중에는 물건뿐 아니라 전자적 정보, 이용자번호, 생체정보, 비밀번호 등 각종의 정보도 포함된다는 점에서 위 제49조 제4항 제1호의 '양도'를 일반적인 물건이나 권리의 소유권 또는 처분권을 이전하는 양도와 동일한 개념으로 해석할 수는 없다). 따라서 대가 없이 접근매체를 교부한 행위 중 기간 제한이 있어 배타적 이용가능성이 확정적으로 이전되지 아니한 경우에는 '무상대여'나 '사용을 위한 위임'의 개념에 포함되는 것은 별론으로 하더라도 적어도 전자금융거래법 제49조 제4항 제1호에 규정된 '양도'의 개념으로 포섭할 수는 없다.

[2] 피고인이, 대출업자를 가장한 성명불상자 甲이 대출을 해주겠다는 말에 속아 피고인 명의 계좌의 전자금융거래 접근매체인 예금통장, 현금카드 및 비밀번호 등을 甲에게 넘겨주고 대출이 실행되면 돌려받기로 하였는데, 위 계좌가 甲의 '보이스피싱' 사기 범행에 이용되어 전자금융거래법 위반으로 기소된 사안에서, 피고인의 행위가 대출을 위하여 접근매체를 일시 사용하도록 위임한 것으로 보일 뿐 접근매체에 관한 배타적 이용가능성의 확정적 이전으로서 같은 법 제49조 제4항 제1호에서 말하는 '접근매체를 양도한 경우'에 해당한다고 보기 어려울뿐더러, 피고인에게 행위 당시 '접근매체를 양도'한다는 범의가 있었다고 보기도 어렵다는 이유로, 이와 달리 피고인에게 유죄를 인정한 제1심판결을 직권파기하고 무죄를 선고한 사례.

【주 문】

원심판결을 파기한다.
피고인은 무죄.

【이 유】

1. 항소이유의 요지
원심이 피고인에게 선고한 형이 너무 무겁다.

2. 공소사실의 요지 및 원심의 판단
'피고인은 2010.8.10.경 울산 동구 방어동 피고인의 주거지 앞길에서 피고인 명의의 전자금융거래 접근매체인 예금통장[농업협동조합 계좌(계좌번호 1 생략), 신용협동조합 계좌(계좌번호 2 생략), 우체국 계좌(계좌번호 3 생략)]과 각 그 현금카드와 비밀번호를 성명을 알 수 없는 사람에게 일괄 양도하였다'는 공소사실에 대하여 원심 판시 증거를 들어 유죄를 선고하였다.

3. 당원의 판단
피고인의 항소이유에 관한 판단에 앞서, 피고인은 공소사실에 대하여 통장을 넘겨주면 신용대출이 가능하다는 말에 속아 '보이스피싱'을 당하여 이를 넘겨준 것이라는 취지로 주장하는바(피고인이 '양도'라는 표현을 사용한 적이 있다고 하더라도 이는 통장 등을 넘겨주고 비밀번호 등을 알려주었다는 사실관계에 대한 일반인의 소박한 표현으로 봄이 옳다), 피고인의 주장이 인정되는지, 인정되는 경우라면 그와 같은 행위를 전자금융거래법 제49조 제4항 제1호의 '양도'로 보아 이를 처벌할 수 있는지에 관하여 직권으로 살펴본다.

가. 전자금융거래법의 제 규정: 이하 생략

나. 접근매체 양도의 개념

전자금융거래법 제49조 제4항 제1호는 '접근매체를 양도한 자'를, 같은 항 제2호는 '대가를 받고 접근매체를 대여한 자'1)를 처벌하도록 하고 있다. 그런데 형벌법규의 해석은 엄격하여야 하고 명문규정의 의미를 피고인에게 불리한 방향으로 확장해석하거나 유추해석하는 것은 허용될 수 없는바, 위 처벌규정에서 말하는 '양도'의 개념에 관하여 살펴본다.

(1) 전자금융거래법은 '양도'와 '대여'를 구별하면서 처벌에 관하여는 대가 없는 대여, 즉 무상대여는 제외하고 있는데, 위와 같이 유상대여에 관한 처벌근거는 제정 당시에는 존재하지 않다가 2008.12.31. 법률 제9325호로 개정되면서 마련되었다. 한편 같은 법 제49조 제1항 제5호는 '사람을 속여 획득한 접근매체를 사용한 자'를 7년 이하의 징역 또는 5,000만 원 이하의 벌금에 처하도록 하고 있는 반면, 같은 조 제4항 제1호는 접근매체를 '양도·양수한 자'를 구분 없이 3년 이하의 징역 또는 2,000만 원 이하의 벌금에 처벌하도록 하고 있다. 즉 기망으로 '양수한 자'보다는 '기망으로 양수하여 사용한 자'를 중하게 처벌함은 물론 '양수'라는 문구 대신 '획득'이라는 문구를 사용하고 있다. 같은 법 시행령 제8조도 '대여', '양도', '사용을 위한 위임', '담보' 등을 구별하고 있다.

(2) 우선 전자금융거래법의 처벌규정에 관한 개정 과정, 차등적 처벌규정 등에 비추어 접근매체를 부정한 방법으로 취득한 사용자를 중하게 처벌하여 궁극적으로는 각종 범죄행위에 이를 이용하는 사회적 해악을 방지하려는 데 있었으나, 접근매체 보유자의 접근매체 제공 방법의 변화로 기존 처벌규정만으로는 그 입법 목적을 달성하기 어려운 나머지 필요최소한의 한도 내에서 접근매체 제공자 중 유상대여도 처벌하도록 처벌 범위를 확장한 것으로 해석된다. 이에 반하여 접근매체를 취득하여 이용한 자의 처벌, 특히 기망을 사용한 경우와 관련하여서는 접근매체 보유자를 기망하여 양도, 대여, 질권설정, 담보, 사용을 위한 위임 등의 다양한 방법으로 접근매체를 이전받을 가능성을 염두에 두고 '양수', '차용' 등 행위태양을 제한 규정하지 않고 '획득'이라는 문구를 사용한 것으로 보인다.

위와 같이 전자금융거래법 처벌조항들의 연혁, 입법 취지, 처벌대상 행위들에 대한 제반규정형식, 태도, 문언의 객관적 의미 등을 종합하면, 새로이 법 개정을 통한 처벌근거가 마련되지 않는 이상 타인 명의의 통장이 '보이스피싱'으로 불리는 각종 범죄행위와 관련된 입·출금 계좌로 사용되는 해악을 막을 필요성이나 처벌의 공백만을 부각시켜 접근매체 교부행위자의 측면에서 유상대여보다 비난가능성이 낮은 무상대여, 명백한 양도를 제외한 비전형적 교부행위 등을 모두 '양도'의 개념에 포함시킬 수는 없다.

(3) 이상에서 살펴본 바와 같이 전자금융거래법이 처벌대상으로 삼고 있는 접근매체의 '양도'는 제한해석할 수밖에 없다. 즉, 법 제49조 제4항 제1호에서 말하는 '양도'는 양수인만이 당해 계좌 관련 접근매체에 대한 '기간의 제한이 없는 배타적 이용'을 할 수 있다는 의미의 승

낙과 그에 따른 수단의 제공, 즉 접근매체에 관한 배타적 이용가능성의 확정적 이전을 말하는 것으로 봄이 옳다(접근매체 중에는 물건뿐만 아니라 전자적 정보, 이용자번호, 생체정보, 비밀번호 등 각종의 정보도 포함된다는 점에서, 법 제49조 제4항 제1호 의 '양도'를 일반적인 물건이나 권리의 소유권 이전이나 처분권을 이전하는 양도와 동일한 개념으로 해석할 수는 없다). 따라서 대가 없이 접근매체를 교부한 행위 중 기간의 제한이 있어 배타적 이용가능성의 확정적 이전 상태에 이르지 아니한 경우에는 '무상대여'나 '사용을 위한 위임'의 개념에 포함되는지 여부는 별론으로 하더라도 적어도 전자금융거래법 제49조 제4항 제1호에 규정된 '양도'의 개념으로 포섭할 수는 없다.

다. 피고인의 공소사실에 대한 당원의 판단

(1) 기록에 의하여 인정되는 다음의 사정, 즉 ① 피고인을 포함한 공소외 1, 공소외 2, 공소외 3, 공소외 4등 5인 명의의 계좌가 성명불상자의 공소외 5에 대한 '보이스 피싱' 사기범행에 이용된 점, ② 위 5인은 경찰에서 "대출 문자메시지 등을 받았는데 통장과 현금카드를 만들어 보내주면 대출이 가능하다고 하여 통장과 카드를 교부하였고, 비밀번호도 알려준 것이다."라고 진술한 점, ③ 또한 위 5인은 경찰에서 "대출을 해준다고 하여 접근매체를 건네준 것일 뿐 범행에 이용될 줄은 몰랐고, 대가를 받은 사실도 없다."는 취지로 진술한 점, ④ 경찰에서 특히 피고인은 "대출금 입금받을 통장이 필요하다고 했고, 대출금이 입금되면 피고인과 같이 은행에 가서 통장과 카드를 돌려주고 그 자리에서 대출금을 찾아 수수료를 주면 된다."고 하였다고 진술한 점 등에 비추어 보면, 피고인은 대출업자를 가장한 성명불상

자의 대출을 해주겠다는 말에 속아 공소사실 기재와 같이 통장, 현금카드, 비밀번호 등을 넘겨주었고, 대출이 실행되면 통장, 카드 등을 돌려받기로 한 것으로 보이는바, 검사가 제출한 증거들로는 위와 같은 판단을 뒤집기 어렵다.

(2) 위와 같이 피고인이 접근매체를 성명불상자에게 넘겨준 경위가 대출업자를 가장한 자가 대출금 입금 등을 위해 필요하다고 한 말에 속아 통장, 카드 및 비밀번호 등을 건네주고 나중에 돌려받기로 한 것이므로, 피고인의 위와 같은 행위는 대출을 위하여 접근매체를 일시 사용하도록 위임한 것으로 보일 뿐 접근매체에 관한 배타적 이용 가능성의 확정적이전 상태에 이르러 전자금융거래법 제49조 제4항 제1호에서 말하는 '접근매체를 양도한 경우'에 해당한다고 보기도 어려울뿐더러, 피고인이 위 행위 당시 위 제1호에서 말하는 '접근매체를 양도'한다는 범의가 있었다고 보기 어렵다.

4. 결론

그렇다면 원심판결에는 위와 같은 직권파기사유가 있으므로, 피고인의 양형부당 주장에 관한 판단을 생략한 채 형사소송법 제364조 제2항에 따라 원심판결을 직권으로 파기하고 변론을 거쳐 다음과 같이 판결한다.

이 사건 공소사실의 요지는 위 '2. 공소사실의 요지 및 원심의 판단' 부분 기재와 같은바, 앞에서 살펴본 것과 같은 이유로 이 사건 공소사실은 범죄의 증명이 없는 경우에 해당하므로 형사소송법 제325조 후단에 따라 무죄를 선고한다.

7) 전자금융거래법 제49조(벌칙)

① 다음 각 호의 어느 하나에 해당하는 자는 7년 이하의 징역 또는 5천만 원 이하의 벌금에 처한다.
  1. 접근매체를 위조하거나 변조한 자
  2. 위조되거나 변조된 접근매체를 판매알선·판매·수출 또는 수입하거나 사용한 자
  3. 분실되거나 도난된 접근매체를 판매알선·판매·수출 또는 수입하거나 사용한 자
  4. 전자금융거래를 위한 전자적 장치 또는 「정보통신망이용 촉진 및 정보보호 등에 관한 법률」 제2조제1항제1호의 규정에 따른 정보통신망에 침입하여 허위 그 밖의 부정한 방법으로 접근매체를 획득하거나 획득된 접근매체를 이용하여 전자금융거래를 한 자
  5. 강제로 빼앗거나, 횡령하거나, 사람을 속이거나 공갈하여 획득한 접근매체를 판매알선·판매·수출 또는 수입하거나 사용한 자
② 전자화폐는 「형법」 제214조 내지 제217조에 정한 죄의 유가증권으로 보아 각 그 죄에 정한 형으로 처벌된다.
③ 제26조의 규정을 위반하여 전자금융거래 정보를 제공하거나, 누설하거나, 업무상 목적 외에 사용한 자(제28조제4항의 규정에 따라 이를 준용하는 선불전자지급수단을 발행하는 자를 포함한다)는 5년 이하의 징역 또는 3천만 원 이하의 벌금에 처한다.
④ 다음 각 호의 어느 하나에 해당하는 자는 3년 이하의 징역 또는 2천만 원 이하의 벌금에 처한다. [개정 2008.12.31] [[시행일 2009.4.1]]
  1. 제6조제3항제1호를 위반하여 접근매체를 양도하거나 양수한 자
  2. 제6조제3항제2호를 위반하여 접근매체를 대여받거나 대여한 자
  3. 제6조제3항제3호를 위반한 질권설정자 또는 질권자
  4. 제6조제3항제4호를 위반하여 알선행위를 한 자
  5. 제28조 또는 제29조의 규정에 따라 허가를 받거나 등록을 하지 아니하고 그 업무를 행한 자
  6. 허위 그 밖의 부정한 방법으로 제28조 또는 제29조의 규정에 따라 허가를 받거나 등록을 한 자
  7. 제37조제3항제3호의 규정을 위반하여 다른 가맹점의 이름으로 전자화폐 등에 의한 거래를 한 자
  8. 제37조제3항제5호의 규정을 위반하여 전자화폐 등에 의한 거래를 대행한 자
  9. 제37조제4항의 규정을 위반하여 가맹점의 이름으로 전자화폐 등에 의한 거래를 한 자
  10. 허위 그 밖의 부정한 방법으로 전자금융거래정보를 열람하거나 제공받은 자
⑤ 다음 각 호의 어느 하나에 해당하는 자는 1년 이하의 징역 또는 1천만 원 이하의 벌금에 처한다.
  1. 삭제 [2008.12.31] [[시행일 2009.4.1]]
  2. 제36조의 규정을 위반하여 전자화폐의 명칭을 사용한 자
  3. 제37조제1항의 규정을 위반하여 전자화폐 등에 의한 거래를 이유로 재화 또는 용역의 제공을 거절하거나 이용자를 불리하게 대우한 자
  4. 제37조제2항의 규정을 위반하여 이용자에게 가맹점수수료를 부담하게 한 자
  5. 제37조제3항제4호의 규정을 위반하여 가맹점의 이름을 타인에게 빌려준 자
  6. 제45조제1항의 규정에 따른 인가를 받지 아니하고 동항 각 호의 어느 하나에 해당하는 행위를 한 자
⑥ 제1항제1호 및 제2호의 미수범은 처벌한다.
⑦ 제1항 내지 제6항의 징역형과 벌금형은 병과할 수 있다.

03 보이스피싱 조직은 어떤 범죄로 처벌되나요?

1) 실제 사례

Q1 저는 곽○○이라고 합니다. 저는 불특정 다수의 사람을 상대로 '대출을 해 준다'는 광고 문자를 발송한 후에 광고 문자를 보고 대출을 받기 위해 연락 온 피해자들을 상대로 '신용이 부족해 보증보험증권발행비용, 전산처리비용 등이 필요하다'고 속여 피해자들로부터 보증보험증권발행비용, 전산처리비용 등의 명목으로 돈을 송금하게 하여 이를 인출해 편취하였습니다. 저는 무슨 죄로 처벌되나요?

Q2 저는 이△△입니다. 피해자들이 돈을 송금하면 이를 인출해 조직에 보내주었습니다. 그런데 저는 인출에만 관여하였을 뿐, 이렇게 범행이 이루어지는지 몰랐습니다. 저도 죄가 되나요?

Q3 저는 최◆◆입니다. 저는 곽○○이 금융대출업을 하는데 고객을 상대로 전화상담원 업무를 해 달라는 제의를 받고, 이러한 범행 계획을 모른 채 곽○○이 지시한 매뉴얼대로 전화를 하여 송금받을 계좌번호까지 말해주는 단순 상담원 일만 하였습니다. 저까지 처벌되나요?

A 결론적으로 말씀드리면, 세 분 모두 사기죄의 공동정범으로 처벌됩니다. 특히 범행에 대하여 모른다고 하더라도 범행임을 알게 된 시점부터는 공동정범이 됩니다.

형법 제30조의 공동정범은 공동가공의 의사와 그 공동의사에 의한 기능적 행위지배를 통한 범죄 실행이라는 주관적·객관적 요건을 충족함으로써 성립하므로, 공모자 중 구성요건 행위를 직접 분담하여 실행하지 아니한 사람도 위 요건의 충족 여부에 따라 이른바 공모공동정범으로서의 죄책을 질 수도 있습니다(대법원 2010. 7. 15. 선고 2010도3544 판결 등 참조). 한편 2인 이상이 범죄에 공동가공하는 공범관계에서 공모는 법률상 어떤 정형을 요구하는 것이 아니고 2인 이상이 공모하여 어느 범죄에 공동가공하여 그 범죄를 실현하려는 의사의 결합만 있으면 되는 것으로서, 비록 전체의 모의 과정이 없었다고 하더라도 수인 사이에 순차적으로 또는 암묵적으로 상통하여 그 의사의 결합이 이루어지면 공모관계가 성립한다는 것이 우리 판례의 입장입니다(대법원 2008. 4. 24. 선고 2007도11258 판결 등 참조).

또 이 사건 범행과 같은 이른바 보이스피싱 범죄는 그 범행 수법이 조직적, 계획적, 지능적이고, 재정적 궁핍 상황 하에서 소액의 급전을 필요로 하는 영세상인 등 사회적 약자들을 범행의 주요 대상으로 삼음으로써, 비록 외형상의 개별 피해 액수가 크지 않더라도 피해자들에게 실제 적지 않은 경제적 타격을 입게 할 뿐만 아니라, 대부분 점조직으로 은밀하게 이루어지는 범행의 특성상 피해의 사후적 회복조차 용이하지 않은 점, 한편으로 위와 같은 범행으로 양산된 다수의 피해자 및 사회 구성원들로 하여금 국가기관 또는 금융기관 등을 불신하게 만들고, 그 결과 사회 전반의 신뢰관계에도 심각한 악영향을 미치게 되어 그 죄질이 매우 불량하며, 사회적 비난 가능성 또한 높으므로 엄중한 처벌을 통해 그 폐해를 근절할 필요성이 있다는 것이 우리 법원의 입장입니다.

다만, 각 양형에 있어서는 사기범들이 범행을 대체로 시인하면서 잘못을 깊이 뉘우치고 있는 점, 공동으로 피해액 일부를 변제하고, 일부 피해자들과 합의하는 등 피해 회복을 위해 노력한 점, 또 실제 취득한 이익이 크지 않은 점, 이 사건 범행에 이르게 된 경위와 동기, 각 피고인들의 범행 가담 기간, 가담 정도 및 태양, 피고인들의 연령, 성행, 가정환경, 가족관계, 범행 후의 정황 등을 종합하여 각각 형이 선고됩니다.

2) 관련 판례

보이스피싱 조직원들에 대한 형법적 처벌 사례

▶ 수원지방법원 2014. 6. 26. 선고 2014고합134, 2014고합186(병합) 판결 【가. 특정경제범죄가중처벌등에관한법률위반(사기) 나. 상습사기】

■ 범죄사실

[2014고합134] (피고인 곽♠♠, 최♠♠, 김♠♠, 이♠♠, 이○○, 강○)피고인들은 각 일정한 직업이 없는 사람들이다.

피고인들은 2013. 5. 말경 광주 서구 이하 불상지에서, 불특정 다수의 사람들을 상대로 '대출을 해 준다'는 광고 문자를 발송한 후 위 광고 문자를 보고 대출을 받기 위해 전화 연락을 하는 불특정 다수의 피해자들을 상대로 '신용이 부족해 보증보험증권발행비용, 전산처리비용 등이 필요하다'고 속이는 등의 방법으로 기망하여 피해자들로부터 보증보험증권발행비용, 전산처리비용 등의 명목으로 돈을 송금하게 하여 이를 편취하기로 공모하였다.

피고인 곽♤♤은 공범들과 함께 ○○아파트를 임차하고, 범행에 사용할 070 전화기 설치, 컴퓨터 구입, 대포통장 매입 및 불특정 다수의 고객에게 대량으로 문자를 발송해 줄 업자를 인터넷 등에서 확인하여 전국 대표번호(1670-8704 등)를 기재하여 '대출가능'이라는 내용으로 문자를 발송하게 하고, 불특정 다수의 피해자로부터 지급받은 자금을 관리하는 역할을 담당하고, 피고인 최♤♤, 피고인 김♤♤, 피고인 이♤♤, 피고인 이○○은 위와 같은 문자를 보고 대출을 받기를 희망하는 피해자들에게 전화하여 대출을 해줄 것처럼 상담을 하면서 '대출을 해 주기 위해서는 보증보험증권발행비용, 전산처리비용 등이 발생하므로 이를 송금하라'는 취지로 피해자들을 속이는 역할을 담당하였으며, 피고인 강○은 위와 같은 피고인 최♤♤ 등의 기망에 속은 피해자들이 송금한 자금을 현금으로 인출하여 피고인 곽♤♤에게 전달하는 역할을 각 담당하기로 공모하였다(다만 피고인 이♤♤은 2013. 9. 초순경부터, 피고인 김♤♤은 2013. 10. 16.경부터, 피고인 이○○은 2014. 2. 초순경부터 각 피고인 곽♤♤, 피고인 최♤♤, 피고인 강○ 등과 공모하여 본건 범행에 가담하였다.)

1. 피고인 ○○신의 공범 곽♤♤, 최♤♤, 강○ 및 피고인 ○○철 등과의 공동범행피고인 ○○신은 2013. 6. 초순경 광주 서구 치평동에 있는 ○○아파트에서, 공범 곽♤♤이 성명불상 문자발송업체를 통해 '○○캐피탈입니다. 대출가능합니다.'라는 내용의 문자를 발송하고, 공범

최♤♤ 등과 함께 위 문자메시지를 보고 4,000만 원의 대출을 희망하는 피해자 오ㅇ영에게 전화하여 '4,000만 원을 대출받기 위해서는 국민금융보험금으로 500만 원을 입금하여야 대출이 가능합니다'라는 취지로 피해자 오ㅇ영을 기망하여 이에 속은 피해자 오ㅇ영으로부터 2013. 6. 3. 조ㅇ한 명의의 우체국 계좌(계좌번호 100461-02-xxxxxx)로 500만 원을 송금받았다.

공범 강ㅇ은 2013. 6. 3. 용인 ㅇㅇ구 ㅇㅇ동 소재 용인수지우체국에 있는 현금지급기를 이용하여 위 조ㅇ한 명의의 우체국 계좌에서 5회에 걸쳐 각 100만 원씩 합계 500만 원을 인출하였다.

이를 비롯하여 피고인은 공범 곽♤♤, 최♤♤, 강ㅇ 등과 공모하여, 상습으로, 2013. 6. 3.경부터 2013. 12. 2.경까지 같은 방법으로 별지 범죄일람표 기재와 같이 모두 453회에 걸쳐 피해자 오ㅇ영 등 214명의 피해자로부터 합계 6억 51,864,454원을 위 조ㅇ한 명의 우체국 계좌 등을 통해 송금받아 이를 편취하였다.

■ 피고인 최♤♤의 주장에 대한 판단

(2013고합843사건에 관하여)

1. 주장의 요지

피고인은 2013. 5. 말경 피고인 곽♤♤으로부터 금융대출업을 하는데 고객을 상대로 전화상담원 업무를 해 달라는 제의를 받고, 본건 범행 계획을 모른 채 피고인 곽♤♤이 지시한 매뉴얼대로 전화하여 송금받을 계좌번호까지 말해주는 단순 상담원 일만을 하였고, 피고인이 범행에 실제 가담한 기간은 2013. 7. 17.부터 2013. 11. 14.경까지이며, 이 기간 동안 8명의 피해자로부터 21회에 걸쳐 합계 6,490만 원을 송금받았다. 이와 같이 피고인은 피고인 곽♧♧이 지시한 대로 전화상담원 일만을 하였을 뿐, 다른 피고인들이 범행에 가담한 경위 및 범행 정도는 전혀 알지 못하므로 다른 피고인들의 행위에 대해서 공동정범으로서의 책임을 질 수 없다.

2. 판단

형법 제30조의 공동정범은 공동가공의 의사와 그 공동의사에 의한 기능적 행위지배를 통한 범죄실행이라는 주관적·객관적 요건을 충족함으로써 성립하므로, 공모자 중 구성요건행위를 직접 분담하여 실행하지 아니한 사람도 위 요건의 충족 여부에 따라 이른바 공모공동정범으로서의 죄책을 질 수도 있다(대법원 2010. 7. 15. 선고 2010도3544 판결 등 참조). 한편 2인 이상이 범죄에 공동가공하는 공범관계에서 공모는 법률상 어떤 정형을 요구하는 것이 아니고 2인 이상이 공모하여 어느 범죄에 공동가공하여 그 범죄를 실현하려는 의사의 결합만 있으면 되는 것으로서, 비록 전체의 모의과정이 없었다고 하더라도 수인 사이에 순차적으로 또는 암묵적으로 상통하여 그 의사의 결합이 이루어지면 공모관계가 성립한다(대법원 2008. 4. 24. 선고 2007도11258 판결 등 참조).

위와 같은 법리를 전제로 이 사건에 관하여 살피건대, 유죄의 증거로 거시한 증거들에 의하여 인정되는 아래와 같은 사정들, 즉 ① 피고인 곽♧♧은 경찰 및 검찰 조사에서, "최♧♧이 저의 제안에 따라 2013. 6. 3.경부터 함께 이 사건 범행을 시작하였고, 피해자들이 송금한 돈 중

10%는 강○에게 가고, 최♤♤은 디비값을 제외한 나머지 금액에서 10% 를 저에게 주었으며, 최♤♤의 역할은 처음에 입금을 받아내기 위해서 구슬리는 일을 하고, 통장번호를 받으면 그 내용 등을 저에게 전달해 주는 등 관리 업무도 같이 하면서 보이스피싱을 하는 방법 등도 최♤♤ 이 가르쳐준다."고 진술한 점,

② 피고인 김♤♤은 경찰조사에서, "최♤♤은 전화 업무 외에도 사무실 관리 업무를 하였는데, 피해자가 돈을 입금할 것으로 생각되면 그 내용을 최♤♤에게 보고하여 최♤♤이 인출책에게 연락을 하고 사무실을 관리하는 일을 하며, 최♤♤이 저에게 사무실에 컴퓨터를 안내하고 컴퓨터 안에 매뉴얼이 있다는 것, 업무를 처리하는 과정 등을 설명해 주었다. 최♤♤에게 피해자와 통화하는 방법, 보증보험료를 입금하도록 유도하는 방법을 교육받았고, 당시 저와 이♤♤, ○○철이 함께 최♤♤에게 교육을 받았다."고 진술하였고, 피고인 이○○은 경찰조사에서, "총 관리를 하는 사람이 곽♤♤이고, 최♤♤은 전화를 해서 범행도 같이 하고, 곽♤♤을 도와 관리도 하는 뭐 그런 역할인 것 같다. 나머지는 그냥 ♤♤이가 시키는 것만 하는 그 정도이다."라고 진술한 점,

③ 피고인 강○은 경찰 조사에서, "2014. 3. 4. 최♤♤이 전화를 해서 어디 계좌에 120만 원이 있으니 찾으라고 하여 이를 인출한 사실이 있다"고 진술하였고, 피고인 곽♤♤은 경찰 조사에서, 피고인 최♤♤이 작성한 수첩에 '3/3 (월)요일 (형) 300+길'이라고 적혀 있는 것은 '이♤ ♤이 전화를 하였고 300만 원을 입금하는데 최♤♤이 도와준 것'을 의미한다, '+' 이후에는 도와준 사람을 의미한다"고 진술하였는바, 위

수첩에는 각 날짜별로 범행 내용이 정리되어 있고, 특히 '3/3 (월)요일 (형) 300+길' 이외에도 '3/4(화) (형)285+철, 270+길, (희)120', '1/22 200+길'이라고 기재되어 있는 등 피고인 최♤♤도 여러 차례에 걸쳐 등장하고 있는 점에 비추어 피고인 최♤♤이 전체 범행 내용을 정리 및 관리하면서 다른 공범들의 개별 범행에도 지속적으로 관여한 것으로 보이는 점,

④ 피고인 최♤♤은 이 사건 범행기간 동안 이 사건 범행장소에서 피고인 곽♤♤, 이♤♤, 김♤♤ 등의 공범들과 함께 숙식을 하면서 지내다가 2014. 3. 6. 위 피고인들과 함께 현행범인으로 체포된 점,

⑤ 피고인 최♤♤ 또한 검찰 조사에서, "2013. 6. 3.부터 2014. 3. 6.까지 처음부터 곽♤♤과 같이 범행을 한 것이 맞다. 2013. 4. 내지 5.경 곽♤♤을 만났는데, 곽♤♤이 저에게 '대출을 해 준다고 해서 먼저 돈을 받아서 가로채는 일을 해 보자'는 제안을 하였고, 저도 당시는 다니던 회사를 그만둔 상태로 돈이 궁한 상태여서 ♤♤이형의 제안을 받아들여 범행을 하게 된 것이다. 2013. 6. 초순경 내지 중순경에 광주 서구 치평동에 있는 ○○아파트 동호수 불상으로 오라고 하여 위 아파트로 갔고, ♤♤이 형이나 채신이 형이 상담을 하는 것을 보고 옆에서 이를 배워서 대출이 필요하다는 사람들을 상대로 상담을 하는 일을 하였다. 곽♤♤은 아파트를 임차하고, 수익금을 관리하여 이를 분배하는 일을 하였고, 저는 고객들을 상대로 상담하는 역할을 담당하였으며, 고객들에게 보증보험증권발행 등의 비용으로 돈이 필요하다고 하여 돈을 송금하게 한 후 입금한 것을 확인하면 강○에게 얼마가 들어왔다고 연락을 해 주었다. 곽♤♤이 각자 상담한 실적에 따라

개별적으로 매주 수익금을 나누어 주었는데, 저의 경우 9개월가량 일을 하면서 성과를 많이 올리지 못해서 2,200만 원내지 2,300만 원 정도의 성과금을 받았다"고 진술한 점 등을 종합하여 보면,

피고인이 나머지 피고인들과 순차적·암묵적으로 공모하여 판시 범죄사실 기재와 같이 공동으로 이 사건 범행을 실행하였음을 넉넉히 인정할 수 있으므로, 피고인의 위 주장은 받아들이지 아니한다.

■ **법령의 적용**
1. **범죄사실에 대한 해당법조**
가. 피고인 곽♤♤, 최♤♤, 강ㅇ, ㅇㅇ신, ㅇㅇ철: 각 특정경제범죄 가중처벌 등에 관한 법률 제3조 제1항 제2호, 형법 제351조, 제347조 제1항, 형법 제30조 (포괄하여)

나. 피고인 김♤♤, 이♤♤, 이ㅇㅇ: 각 형법 제351조, 제347조 제1항, 형법 제30조 (포괄하여)

■ **양형의 이유**
1. **처단형의 범위**

가. 피고인 곽♤♤, 최♤♤, 강ㅇ, ㅇㅇ신, ㅇㅇ철: 징역 3년~30년
나. 피고인 김♤♤, 이♤♤, 이ㅇㅇ: 징역 15년 이하

2. 양형기준에 따른 권고형의 범위

가. 피고인 곽♤♤

[권고형의 범위] 조직적 사기 〉 제3유형(5억 원 이상, 50억 원 미만) 〉 특별가중영역(6년~13년 6월)

[특별가중인자] 사기범행을 주도적으로 계획하거나 그 실행을 지휘한 경우, 불특정 또는 다수의 피해자를 대상으로 하거나 상당한 기간에 걸쳐 반복적으로 범행한 경우

3. 선고형의 결정

가. 이 사건 범행과 같은 이른바 보이스피싱 범죄는 그 범행 수법이 조직적, 계획적, 지능적이고, 재정적 궁핍 상황 하에서 소액의 금전을 필요로 하는 영세상인 등 사회적 약자들을 범행의 주요 대상으로 삼음으로써, 비록 외형상의 개별 피해 액수가 크지 않더라도 피해자들에게 실제 적지 않은 경제적 타격을 입게 할 뿐만 아니라, 대부분 점조직으로 은밀하게 이루어지는 범행의 특성상 피해의 사후적 회복조차 용이하지 않은 점, 한편으로 위와 같은 범행으로 양산된 다수의 피해자 및 사회 구성원들로 하여금 국가기관 또는 금융기관 등을 불신하게 만들고, 그 결과 사회 전반의 신뢰관계에도 심각한 악영향을 미치게 되어 그 죄질이 매우 불량하며, 사회적 비난 가능성 또한 높으므로 엄중한 처벌을 통해 그 폐해를 근절할 필요성이 있다.

나. 특히, 이 사건 범행으로 인한 피해액이 합계 약 6억 6,000만 원에 이르는 고액이고, 피해액의 상당 부분이 회복되지 않은 채 그

대로 남아 있으며, 상당수의 피해자들과 합의에 이르지 못한 점, 피고인 곽♤♤은 다른 피고인들에게 이 사건 범행을 제의하고, 범행 장소로 ○○아파트를 임차하였으며, 범행에 사용할 전화기, 컴퓨터, 대포통장 등을 준비하고 피해자들로부터 지급받은 자금을 관리하는 등 이 사건 범행에 주도적인 역할을 담당하였으며, 2002년도에 여신전문금융업법위반죄 및 사기죄로 벌금 100만 원을 선고받은 전력이 있음에도 나머지 피고인들을 선동하여 이 사건 범행을 저지른 점, 피고인 최♤♤은 위에서 본 바와 같이 이 사건 범행의 전 기간에 걸쳐 피고인 곽♤♤과 함께 주도적으로 이 사건 범행을 실행하였음을 인정할 수 있음에도 이 법정에 이르러 범행을 상당 부분 부인하는 등 진정으로 반성하고 있다고 보기 어려운 점 등을 고려하면, 피고인들에게는 그 죄책에 상응하는 엄중한 처벌이 필요하다.

다. 다만, 피고인들이 범행을 대체로 시인하면서 잘못을 깊이 뉘우치고 있는 점, 피고인들이 공동으로 피해액 일부를 변제하고, 일부 피해자들과 합의하는 등 피해 회복을 위해 노력한 점, 피고인 곽♤♤을 제외한 나머지 피고인들에게는 동종 전과 및 실형을 선고받은 전력이 없고, 피고인 김♤♤의 경우 아무런 형사처벌 전력이 없는 초범인 점, 피고인들 대부분은 생계비 마련 혹은 가족들의 치료비 등으로 경제적 곤란을 겪던 차에, 손쉽게 돈을 벌 수 있다는 말에 현혹되어 순차적으로 이 사건 범행에 가담하게 된 것으로 보이는 점, 비록 편취액이 적지 아니하나, 그에 비하여 피고인들이 이 사건 범행으로 실제 취득한 이익은 그리 많지 않은 것으로 보이는 점, 피고인 이○○의 경우 범행에 가담한 기간이 비교적 짧고, 그에 따라 취득한 수익도 많지 않은 점 등을 피고인들에게 유리한 정상으로 참작하고, 그 밖에 이 사건 범행에 이르게 된 경위와 동기, 각 피고인들의 범행 가담 기간, 가담 정도 및 태양, 피고인들의 연령, 성행, 가정환경, 가족관계, 범행 후의 정황 등을 종합하여 주문과 같이 형을 정한다.

04 불법을 배달한 퀵서비스 기사들

1) 실제 사례

인출책은 조직으로부터 대포통장 혹은 현금카드를 받아야 한다. 조직은 중국에 있거나 국내에 있더라도 인출책과 직접 만나지 않는다. 그렇다면 어떻게 카드를 전달해 줄 것인가의 문제가 있다. 최근에는 바로 퀵서비스 배달원을 통해 순식간에 전달하는 방식이 많이 사용되고 있다.

보이스피싱단에 현금카드 배달한 퀵 기사들

저금리로 대출받으려면 필요하다고 속여 개인 현금카드를 무더기로 가로채 온 중국 보이스피싱 조직이 경찰에 적발됐다. 이들은 국내 퀵서비스 기사들을 현금카드 운반책으로, 조선족을 현금인출책으로 동원했다.

서울 강서경찰서는 보이스피싱에 속아 현금카드를 받아다 넘겨주고 수억 원을 챙긴 혐의(전자금융거래법 위반 등)로 퀵서비스 총책 하 모(50) 씨 등 2명을 구속하고 정 모(42) 씨 등 2명을 불구속 입건했다고 24일 밝혔다. 또 현금인출책인 조선족 문 모(18) 군 등 2명을 구속하고 일당 4명에 대해서도 구속영장을 신청했다.

중국에 기반을 둔 이 조직은 지난해 9월부터 국내 휴대전화 사용자들에게 무작위로 전화를 걸어 '시중보다 저렴한 우대금리로 대출해 준다'고 속였다. 대출이 급한 서민들은 '은행 거래 실적이 필요하니 계좌번호, 현금카드, 비밀번호를 달라'는 요구에 의심 없이 계좌와 카드를 제공했다.

보이스피싱 조직은 퀵서비스 기사들의 열악한 영업 환경을 파고들어 하 씨 등을 운반책으로 포섭했다. 하 씨는 이 조직으로부터 '현금카드 배달 1건당 5만 원을 주겠다'는 제안을 받고 함께 일하던 기사 공 모(57) 씨 등 전국 55개 지역 퀵서비스 기사들을 끌어들였다. 그동안 적발된 보이스피싱 조직 중 최대 규모다.

(출처: 국민일보 2013. 10. 24.)

이렇게 대포통장이나 카드를 전달하는 퀵서비스 배달원에게 조직은 보통의 이용요금보다 퀵비를 더 많이 준다. 그렇게 되면 퀵서비스 배달원은 작은 박스를 전달해 주고 다른 배달보다 돈을 많이 벌 수 있으니 계속해서 배달해 주기 시작한다.

퀵서비스 배달원은 고객이 물건을 주고 요금을 지불하고 원하는 곳에 배달을 시키면 자신의 일이 완성된다. 마찬가지로 범죄조직인지 모르고 물건이 무엇인지도 모르고 일반 배달과 똑같이 배달한 경우에도 보이스피싱 범죄조직의 일부라고 볼 수 있을까. 아니면 통장을 양도, 양수하였다는 이유로 전자금융거래법 위반의 처벌을 받을 수 있을까.

기사에 소개된 사안은 필자가 실제로 담당하였던 사건이다. 위 사건에서는 퀵서비스 배달원도 보이스피싱 조직의 일부로 보아, 사기 및 전자금융거래법위반으로 기소하였다.

금융계좌에 관한 접근매체의 종류로 '전자식 카드 및 이에 준하는 전자적 정보', '금융기관 또는 전자금융업자에 등록된 이용자번호' 등을 규정하고 있고, 제6조 제3항은 접근매체를 양도·양수하는 행위를 원칙적으로 금지하고 있으며, 제49조 제5항 제1호는 '제6조 제3항의 규정을 위반하여 접근매체를 양도·양수한 자는 1년 이하의 징역 또는 1천만 원 이하의 벌금에 처한다'고 규정하고 있다.

일반적으로 양도라고 하면 권리나 물건 등을 남에게 넘겨주는 행위를 지칭하는데, 형벌법규의 해석은 엄격하여야 하고 명문규정의 의미를 피고인에게 불리한 방향으로 지나치게 확장해석하거나 유추해석하는 것은 죄형법정주의 원칙상 허용되지 않는 점, 민법상 양도와 임대를 별개의 개념으로 취급하고 있는 점, 이른바 '대포통장'을 활용한 범죄에 적극 대처하기 위하여 2008. 12. 31. 법률 제9325호로 구 전자금융거래법을 개정하면서 '대가를 매개로 접근매체를 대여받거나 대여하는 행위'에 대한 금지 및 처벌 조항을 신설한 점(제6조 제3항 제2호, 제49조 제4항 제2호) 등에 비추어 보면, 구 전자금융거래법에서 말하는 '양도'에는 단순히 접근매체를 빌려 주거나 일시적으로 사용하게 하는 행위는 포함되지 아니한다고 보아야 한다는 것이 우리 판례의 입장이다(대법원 2012. 7. 5. 선고 2011도16167 판결).

전자금융거래법 제49조 제4항 제1호에서 말하는 '양도'는, 양수인만이 당해 계좌 관련 접근매체에 대한 '기간 제한이 없는 배타적 이용'을 할 수 있다는 의미의 승낙과 그에 따른 수단의 제공, 즉 접근매체에 관한 배타적 이용가능성의 확정적 이전을 말한다[8]는 것이 우리 판례의 입장이다(서울북부지방법원 2011. 8. 16. 선고 2011노445 판결 등 참조).

위와 같은 해석들, 즉 접근매체의 양도, 양수라는 것은 결국 양도인이 물건을 넘겨주어 양수인으로 하여금 기간 제한이 없는 배타적 이용가능성의 확정적 이전 행위를 의미하는데 퀵서비스 배달원은 이러한 행위에 있어서 단순히 배달을 하는 것이지 양도를 하는 개념은 아닌 것으로 생각된다.

따라서 퀵서비스 배달원이 조직적으로 가담하여 통장을 배달해 준 경우에는 기능적 행위지배로서 사기죄에 있어서 공동정범으로 평가될 수 있지만, 현재 우리 법제상으로는 전자금융거래법으로 처벌하기는 어렵다고 할 것이다.

필자가 위 사안에서 이러한 주장을 했기 때문인지 모르겠지만, 이 사건에서 검사가 구형을 7년이나 하였으나 결국 집행유예로 풀려 나왔다.

---

[8] 접근매체 중에는 물건뿐 아니라 전자적 정보, 이용자번호, 생체정보, 비밀번호 등 각종의 정보도 포함된다는 점에서 위 제49조 제4항 제1호의 '양도'를 일반적인 물건이나 권리의 소유권 또는 처분권을 이전하는 양도와 동일한 개념으로 해석할 수는 없다.

서울남부지방법원

판 결

사 건	2013고단●●●●● 사기, 전자금융거래법위반
피 고 인	●●● (●●●-●●●●) 무직
	주거
	등록기준지
검 사	김웅(기소), 안지영(공판)
변 호 인	법무법인 태일 담당 변호사 배승희

판결선고 2014. 1. 23.

주 문

피고인을 징역 2년 6개월에 처한다.

다만, 이 판결 확정일로부터 3년간 위 형의 집행을 유예한다.

피고인에 대하여 보호관찰을 받을 것과 160시간의 사회봉사를 명한다.

압수된 증 제17 내지 19, 87 내지 90호를 몰수한다.

이 유

범 죄 사 실

피고인은 체크카드 모집 총책으로, 중국내 보이스피싱 사기단의 조직원이 텔레마케

2) 관련 판례

무죄였던 항소심을 파기하고 유죄로 인정한 사안

▶ 대법원 2013. 8. 23. 선고 2013도4004 판결
【전자금융거래법위반】[공2013하, 1738]

■ 판시사항

[1] 전자금융거래법상 처벌대상인 '접근매체의 양수'의 의미 및 접근매체의 명의자가 양도하거나 명의자로부터 양수한 경우에만 처벌대상이 되는지 여부(소극)

[2] 피고인이 甲으로부터 건네받은 乙 명의 통장 등 접근매체를 丙이 지시하는 성명을 알 수 없는 사람에게 '양도'하였다고 하여 전자금융거래법 위반으로 기소된 사안에서, 피고인의 행위는 접근매체의 양도에 해당한다는 이유로, 이와 달리 보아 무죄를 선고한 원심판결에 법리오해의 위법이 있다고 한 사례

■ 판결요지

[1] 전자금융거래법 제49조 제4항 제1호에서 말하는 접근매체의 양수는 양도인의 의사에 기하여 접근매체의 소유권 내지 처분권을 확정적으로 이전받는 것을 의미하고, 단지 대여받거나 일시적인 사용을 위한 위임을 받는 행위는 이에 포함되지 않는다고 보는 것이 타당한데, 같은 법 제6조 제3항 제1호는 접근매체의 양도, 양수행위

의 주체에 제한을 두지 않고 있으므로 반드시 접근매체의 명의자가 양도하거나 명의자로부터 양수한 경우에만 처벌대상이 된다고 볼 수 없다.

[2] 피고인이 甲으로부터 건네받은 乙 명의 통장 등 접근매체를 丙이 지시하는 성명을 알 수 없는 사람에게 양도하였다고 하여 전자금융거래법 위반으로 기소된 사안에서, 피고인은 단순히 접근매체를 사기 범행의 공범들 사이에서 내부적으로 전달하였다기보다 접근매체를 매수한 후 전부를 다시 매도하여 중간 차익을 얻는 행위를 업으로 한 점, 전화금융사기 범행의 특성상 유기적으로 연결된 범죄집단과 달리 행위자들 사이에 충분히 접근매체의 거래가 이루어질 수 있는 점, 접근매체의 유통 과정은 취득자가 접근매체를 이용하여 임의로 전자금융거래를 할 수 있음을 전제로 하고 있고 그에 대하여 일정한 가액도 수수되고 있는 점, 전자금융거래법은 전자금융거래의 법률관계를 명확히 하여 전자금융거래의 안전성과 신뢰성을 확보함에 입법목적이 있어 전자금융거래법 위반죄와 사기죄는 보호법익이나 입법목적을 달리하는 점 등을 감안할 때, 피고인의 행위는 접근매체의 양도에 해당한다는 이유로, 이와 달리 보아 무죄를 선고한 원심판결에 전자금융거래법상 접근매체 양도에 관한 법리오해의 위법이 있다고 한 사례.

【주 문】

원심판결 중 무죄 부분을 파기하고, 이 부분 사건을 서울중앙지방법원 합의부에 환송한다.

【이 유】

상고이유를 판단한다.

1. 피고인 1의 접근매체 양수로 인한 각 전자금융거래법 위반의 점에 대하여

가. 이 부분 공소사실의 요지는, 피고인 1이 ① 2012.7.25. 공소외 1로부터 공소외 2 명의의 기업은행 통장, 비밀번호, 현금카드 등 3개의 접근매체를 양수하였고, ② 2012.8.29. 공소외 1로부터 공소외 3 주식회사 명의의 농협 통장, 현금카드 및 이에 대한 비밀번호 등 6개의 접근매체를 양수하였다는 것이다.

나. 원심은, 피고인 1이 접근매체의 명의자들로부터 직접 이를 양수하였다는 증거가 부족하고 공소외 1이 위 접근매체들의 소유권 내지 처분권을 양도할 수 있는 지위에 있었음을 인정할 만한 증거도 없다는 등의 이유로 이 부분 공소사실을 무죄로 판단하였다.

다. 그러나 원심의 판단은 아래와 같은 이유로 그대로 수긍하기 어렵다.

원심이 적법하게 채택한 증거들에 의하면, 피고인 1은 피고인 2 등과 함께 서울 동대문구 신설동에 사무실을 차려 놓고 개인 및 법인 명의의 통장을 모집, 판매하여 왔던 사실, 공소외 1은 피고인 1과 수년 전부터 알던 사이로 사업자등록 서류 등을 이용하여 개설된 각 명의인들의 통장, 비밀번호, 현금카드를 갖고 있다가 상호 연락이 되면 피고인 1을

만나 이를 교부하고 통장 1건당 25만 원 정도를 받은 사실, 피고인 1은 공소외 1로부터 위 통장 등을 넘겨받아 보관하거나 당일로 통장 1건당 35만 원 정도에 다시 팔았던 사실, 2012.7.25. 피고인 1은 전화금융사기 조직원인 공소외 4의 요청을 받고, 공소외 1로부터 제공받은 공소외 2 명의의 통장, 비밀번호, 현금카드 등 3개의 접근매체를 퀵서비스를 이용하여 보내준 사실, 공소외 2 등 명의의 통장 계좌는 대출, 조건만남 등을 빙자한 사기 범행의 입·출금계좌로 사용된 사실, 위 통장이나 카드는 현금인출에 사용되고 2~3일 내에 사용이 정지되거나 버려지는 사실, 2012.8.29.에도 피고인 1은 공소외 3 회사 명의의 통장 등을 공소외 1로부터 제공받아 일부를 보관하다가 체포영장에 의하여 체포되기에 이른 사실을 알 수 있다.

전자금융거래법 제49조 제4항 제1호에서 말하는 접근매체의 양수는 양도인의 의사에 기하여 접근매체의 소유권 내지 처분권을 확정적으로 이전받는 것을 의미하고, 단지 대여받거나 일시적인 사용을 위한 위임을 받는 행위는 이에 포함되지 않는다고 봄이 상당한데, 같은 법 제6조 제3항 제1호는 접근매체의 양도, 양수행위의 주체에 제한을 두지 않고 있으므로 반드시 접근매체의 명의자가 양도하거나 명의자로부터 양수한 경우에만 처벌대상이 된다고 볼 수 없고, 위 인정 사실에 의하면, 공소외 1은 임의로 전자금융거래를 할 수 있는 명의자들의 통장, 비밀번호와 현금카드를 처분하기 위하여 소지하고 있었고, 피고인 1은 공소외 1로부터 위 접근매체 전부를 제공받고 그에 따른 정해진 대가까지 지급하였으며, 달리 이를 대여받거나 일시 사용을 위한 위임을 받았다고 볼 만한 사정은 없다.

여기에 위 접근매체를 교부하게 된 경위, 공소외 1과 피고인 1의 관계, 접근매체의 개수, 교부 이후의 정황 등도 종합하면, 피고인 1은 공소외 1로부터 위 접근매체를 각 양수하였다고 봄이 타당하다.

라. 그럼에도 불구하고 원심이 그 판시와 같은 이유만을 들어 이와 달리 이 부분 공소사실을 무죄로 판단하였으니, 거기에는 전자금융거래법상의 접근매체 양수에 관한 법리를 오해한 위법이 있다.

2. 피고인들의 접근매체 양도로 인한 전자금융거래법 위반의 점에 대하여

가. 이 부분 공소사실의 요지는, 피고인들은 2012.7.16. 공소외 5로부터 공소외 6 명의의 기업은행 통장, 비밀번호, 현금카드 등 6개의 접근매체를 건네받은 후 공소외 7의 지시에 따라 퀵서비스를 통해 성명불상의 인출책에게 이를 양도하였다는 것이다.

나. 원심은, 공소외 5에게 공소외 6 등의 통장에 대한 소유권 내지 처분권이 있음을 인정할 증거가 없고, 피고인들이 공범들에게 접근매체를 다시 교부하는 것은 이미 양수가 완료된 접근매체를 사기 범행의 공범들 사이에 그 역할에 따라 내부적으로 전달하는 것에 불과하다는 이유를 들어 이 부분 공소사실을 무죄로 판단하였다.

다. 그러나 원심의 판단은 아래와 같은 이유로 그대로 수긍하기 어렵다.

피고인들이 서울 동대문구 신설동에 사무실을 차려 놓고 개인 및 법인 명의의 통장을 모집, 판매하여 왔던 사실은 앞서 본 바와 같고, 나아가 원심이 적법하게 채택한 증거들에 의하면, 공소외 5(일명 ○○○)는 피고인 2의 부탁을 받고 2012.7.16. 공소외 6, 공소외 8 명의의 통장, 현금카드, 비밀번호 6개를 위 사무실로 가져온 사실, 피고인들은 이를 통장 1건당 25만 원 정도에 매수하기로 하고 개인수첩에 이름, 계좌번호, 비밀번호를 기록한 다음 공소외 7이 요청한 대로 오토바이 퀵서비스를 이용하여 이를 인출책에게 보낸 사실, 공소외 7은 위 통장 등을 넘겨받은 후 그중 사용이 가능한 통장 개수에 따른 대가로 132만 원을 송금하였고, 피고인들은 위 사무실을 함께 사용하던 공소외 9와 이를 나누는 한편 공소외 5에게 통장 매수대금을 지급한 사실, 위 공소외 6 등 명의의 통장 계좌는 전화금융사기 조직원에게 인계된 후 사기 범행의 입·출금계좌로 사용된 사실, 피고인들 특히 피고인 1은 공소외 7 이외에도 일명 천안 최 부장, 강 사장 등 불상의 전화금융사기 조직원들과도 통장거래를 하여 왔던 사실을 알 수 있다.

이를 종합하면, 피고인들은 공소외 7의 지시를 받아 단순히 접근매체를 사기 범행의 공범들 사이에서 내부적으로 전달하였다기보다 공소외 5가 구해 온 통장, 비밀번호, 현금카드를 매수한 후 다시 그 전부를 공소외 7 등에게 매도함으로써 중간 차익을 얻는 행위를 업으로 한 것으로 볼 수 있고, 전화금융사기 범행의 경우 그 특성상 유기적으로 연결된 범죄집단과 달리 각 행위자들 사이에 충분히 접근매체의 거래가 이루어질 수 있는 점, 위 접근매체의 유통 과정은 그 취득자가 접근매체를 이용하여 임의로 전자금융거래를 할 수 있음을 전제로 하고 있고 그에 대하여 일정한 가액도 수수되고 있는 점, <u>전자금융거래법은 전자금융거래의 법률관계를 명확히 하여 전자금융거래의 안전성과 신뢰성을 확보함에 입법목적이 있어 전자금융거래법 위반죄와 사기죄는 그 보호법익이나 입법목적을 달리하는 점</u> 등을 감안할 때, 피고인들의 위 행위는 접근매체의 양도에 해당한다고 봄이 타당하다.

라. 그럼에도 불구하고 원심이 그 판시와 같은 이유만을 들어 이와

달리 이 부분 공소사실을 무죄로 판단하였으니, 거기에는 전자금융거래법상의 접근매체 양도에 관한 법리를 오해한 위법이 있다.

3. 피고인 2의 접근매체 양도로 인한 전자금융거래법 위반의 점에 대하여

가. 이 부분 공소사실의 요지는, 피고인 2가 2012년 7월 말경 공소외 9(원심판결의 공소외 10은 오기로 보인다)로부터 공소외 11 명의의 국민은행, 기업은행 통장 등을 건네받은 후 2012.8.2. 오토바이 퀵서비스를 통해 공소외 7이 지시하는 성명불상의 인출책에게 위 통장 등을 양도하였다는 것이다.

나. 원심은, 피고인 2나 공소외 9에게 공소외 11 명의의 통장에 대한 소유권 내지 처분권이 있었음을 인정할 증거가 없고, 피고인 2가 공소외 9로부터 건네받은 접근매체를 전화금융사기의 공범관계에 있는 사람들에게 다시 교부하는 것은 이미 양수가 완료된 접근매체를 사기 범행의 공범들 사이에 그 역할에 따라 내부적으로 전달하는 것에 불과하다는 이유로 이 부분 공소사실을 무죄로 판단하였다.

다. 그러나 원심의 판단은 아래와 같은 이유로 그대로 수긍하기 어렵다.

원심이 적법하게 채택한 증거들에 의하면, 공소외 9는 피고인들의 위 신설동 사무실에 상주하면서 조카인 공소외 11로부터 돈을 달라는 말을 듣고 공소외 11 명의로 통장을 만들어 공소외 7에게 팔기로 한 사실, 공소외 11은 공소외 9와 함께 기업은행, 국민은행을 돌며 통장, 현금카드를 만들었고 이를 공소외 9에게 주며 빨리 팔아달라고 말한 사실, 공소외 9는 공소외 11 명의의 위 통장, 비밀번호, 현금카드 전부를 통장 1건당 25만 원을 받기로 하고 피고인 2에게 교부한 사실, 그로부터 2~3일 후 피고인 2는 공소외 7과 위 통장 등을 어디로 보내는지에 관한 통화를 한 다음 공소외 7로부터 60만 원을 받기로 하고 이를 퀵서비스로 보내준 사실, 피고인 2는 당일 공소외 7로부터 통장값 70만 원을 보냈다는 전화를 받고 그중 60만 원을 공소외 9에게 지급한 사실, 공소외 11 명의의 위 통장 계좌는 그 다음 날 전화금융사기 범행의 입·출금 계좌로 사용된 사실을 알 수 있다.

이를 종합하면, 피고인 2는 타에 처분하기 위한 목적으로 공소외 9로부터 공소외 11 명의의 각 통장을 매수하였다가, 중간 차익을 얻고자 그 전부를 다시 공소외 7등에게 매도한 것으로 볼 수 있고, 전화금융사기 범행의 경우 그 특성상 유기적으로 연결된 범죄집단과 달리 각 행위자들 사이에 충분히 접근매체의 거래가 이루어질 수 있는 점, 위 접근매체의 유통 과정은 그 취득자가 접근매체를 이용하여 임의로 전자금융거래를 할 수 있음을 전제로 하고 있고 그에 대하여 일정한 가액도 수수되고 있는 점, 전자금융거래법은 전자금융거래의 법률관계를 명확히 하여 전자금융거래의 안전성과 신뢰성을 확보함에 입법목적이 있어 전자금융거래법 위반죄와 사기죄는 그 보호법익이나 입법목적을 달리하는 점 등을 감안할 때, 피고인 2의 위 행위는 접근매체의 양도에 해당한다고 봄이 타당하다.

　　라. 그럼에도 불구하고 원심이 그 판시와 같은 이유만을 들어 이와 달리 이 부분 공소사실을 무죄로 판단하였으니, 거기에는 전자금

융거래법상의 접근매체 양도에 관한 법리를 오해한 위법이 있다.

4. 결론

그러므로 원심판결 중 무죄 부분을 파기하고, 이 부분 사건을 다시 심리·판단하도록 원심법원에 환송하기로 하여, 관여 대법관의 일치된 의견으로 주문과 같이 판결한다.

05 은행에서 지급정지를?

보이스피싱으로 피해를 입는 경우에 피해자가 사기범이 불러주는 계좌로 자신이 직접 돈을 송금한 경우뿐만 아니라, 피해자 몰래 피해자의 통장에서 대포통장으로 이체하는 경우에도 이체된 은행으로부터 구제받을 방법이 있다.

바로 '지급정지'라는 제도이다. 이 제도는 2011. 9. 30.부터 시행된 전기통신금융사기 피해금 환급에 관한 특별법에 의해 시행되고 있으며, 피해자로서는 입금자에게 별도의 소송 절차 없이 이체된 금원을 환급받을 수 있는 것이다.

〈지급정지 요청 흐름〉

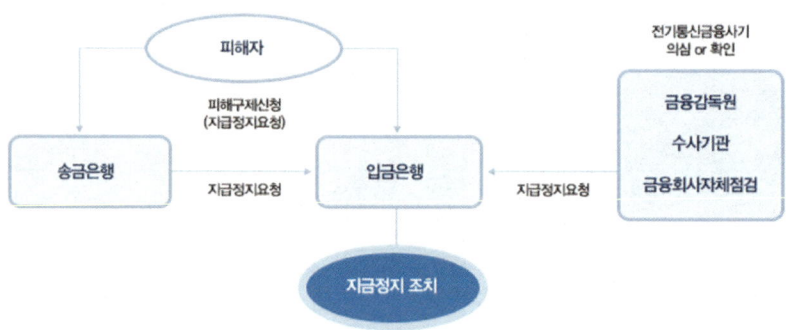

피해자가 은행에 입금을 하고 곧바로 사기를 당했다는 것을 알게 된 후에 경찰청 112 콜센터에 전화를 걸어 보이스피싱이라고 신고하면 경찰청과 금융회사 간 핫라인을 이용하여 금융회사는 그 즉시 지급을 정지시킨다. 즉 인출책이 인출하지 못하게 지급을 정지하는 것이다.

이후 피해자는 거래은행이나 사기이용계좌 개설 은행에 피해구제신청서를 제출하여 이체된 은행에 남아있는 금원을 지급받게 되는 것이다. 피해자의 피해구제신청으로 지급정지된 사기이용계좌에 인출되지 않고 남아 있는 금액이 있는 경우 그 범위 내에서 2개월간의 채권소멸절차를 거쳐 피해자에게 지급된다. 보통 3개월이 소요된다.

다만 유의할 것은 피해금을 반환받기 위해서는 사기이용계좌에 잔액이 남아있어야 한다는 점이다. 그러므로 피해자는 피해를 입은 즉시 112 콜센터에 신고를 해야 한다(물론 쉽지 않은 일이다. 이체한 즉시 돈이 빠져나가기 때문이다).

〈보이스피싱 피해 신고 및 피해금 환급 절차〉

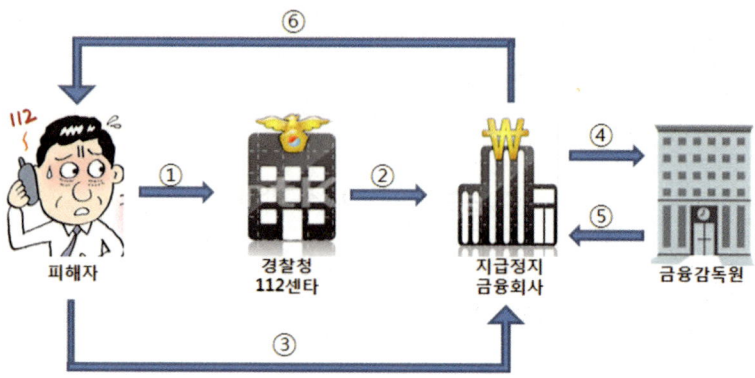

① (보이스피싱 피해자) 경찰청 112 콜센터에 보이스피싱 피해 신고

② (경찰청) 피해자의 신고 전화를 사기범 계좌 보유 금융회사에 연결(경찰청과 금융회사 간 핫라인 이용), 금융회사는 즉시 지급정지 조치

③ (보이스피싱 피해자) 지급정지 금융회사에 '피해구제신청서' 제출

④ (금융회사) 금융감독원에 사기범 계좌에 대한 채권소멸절차 개시공고 요청

⑤ (금융감독원) 홈페이지에 2개월간 채권소멸절차 개시공고 후 피해자별 피해환급금을 결정하여 금융회사에 통보

⑥ (금융회사) 피해자에게 피해금 환급(피해자 계좌에 입금)

피해구제신청서 제출 이후 3개월 이내 피해금 지급 완료

06 대포통장 명의자에게 부당이득반환소송을?

1) 실제 사례

앞서 살핀 방법 이외에 또 다른 방법은 이체된 명의자들에게 부당이득반환청구소송을 제기하는 것이다. 이체된 통장의 명의자는 법률상 원인 없이 금원을 송금받아 취득한 형태가 되기 때문이다. 물론 명의자가 모르게 사기범에게 이체되기는 하지만, 법률상 명의자이기 때문에 부당이득반환소송을 제기하면 명의자는 어쩔 수 없이 이체된 금원 전부를 반환해야 한다. 그러나 소송 실무상으로는 대포통장의 명의자도 피해자이므로 적정선에서 합의나 조정이 이루어진다.

실제로 대포통장으로 이용된 통장의 명의자들은 대부분 전자금융거래법 위반으로 기소유예나 약식명령을 받게 되는데, 이때 형사고소와 함께 부당이득반환청구 혹은 손해배상을 청구하기도 한다. 그러므로 통장을 사고파는 행위는 절대 금물이다.

2) 관련 판례

피해자의 통장에서 대포통장으로 이체된 금원 중 일부가 남아있었던 사안. 전체 송금액 중에서 남아있던 금원은 부당이득반환을 인정하고, 사기범이 인출한 금원은 손해배상을 인정. 다만, 피해자로서도 확인 절차 없이 돈을 입금한 잘못이 있으므로 책임을 70%로 제한.

▶ 서울동부지방법원 2011. 3. 28. 선고 2010가단50237 판결
【부당이득금】[각공2011상, 573]

■ 판시사항

이른바 '보이스피싱'에 사용된 통장을 제공한 사람들에 대하여 공동불법행위책임을 인정한 사례

■ 판결요지

甲 등이 자신들 명의로 개설하여 성명불상자에게 양도한 통장이 이른바 '보이스피싱'에 사용된 사안에서, 甲 등은 위 양도 당시 성명불상자가 불특정 다수인을 기망하여 통장에 돈을 입금하게 하는 '보이스피싱'에 위 통장이 사용될 수 있음을 충분히 예견할 수 있었다고 보이고, 비록 甲 등이 '보이스피싱'의 범죄 행위에 적극적으로 가담하지 않았다고 하더라도 적어도 위 통장을 양도함으로써 그와 같은 범죄행위를 용이하게 한 것이므로, 甲 등은 민법 제760조에 따라 공동불법행위자로서 손해배상책임이 있다고 한 사례(단, 확인 절차 없이 경솔하게 돈을 입금한 피해자의 과실을 참작하여 책임을 70%로 제한함).

■ 참조법령

민법 제760조

【주 문】

1. 원고에게,

가. 피고 1은 7,701,500원과 그중 5,000원에 대한 2010. 10. 26.부터, 7,696,500원에 대한 2010. 7. 9.부터 각 2011. 3. 28.까지는 연 5%의, 각 그 다음 날부터 갚는 날까지는 연 20%의 각 비율로 계산한 돈을 지급하고,

나. 피고 2는 3,501,080원과 그중 3,600원에 대한 2010. 11. 18.부터, 3,497,480원에 대한 2010. 7. 9.부터 각 2011. 3. 28.까지는 연 5%의, 각 그 다음 날부터 갚는 날까지는 연 20%의 각 비율로 계산한 돈을 지급하라.

2. 원고의 피고들에 대한 나머지 청구를 각 기각한다.
3. 소송비용 중 30%는 원고가, 나머지 70%는 피고들이 각 부담한다.
4. 제1항은 가집행할 수 있다.

【청구취지】

주위적으로, 원고에게 피고 1은 11,000,000원, 피고 2는 5,000,000원과 위 각 돈에 대하여 소장부본 송달일 다음 날부터 갚는 날까지 연 20%의 비율로 계산한 돈을 지급하라.

예비적으로, 원고에게 피고 1은 11,000,000원, 피고 2는 5,000,000원과 위 각 돈에 대하여 2010. 7. 9.부터 청구취지 및 청구원인변경신청서 부본 송달일까지는 연 5%의, 그 다음 날부터 갚는 날까지는 연 20%의 비율로 계산한 돈을 지급하라.

【이유】

1. 기초사실

가. 원고는 2010. 7. 9. 성명불상자로부터 "아들을 납치했다, 아들을 살리고 싶으면 2,000만 원을 송금하라"는 전화와 함께 수화기를 통하여 "지금 지하창고에 갇혀 있는데 맞아서 머리에서 피가 난다, 엄마 살려줘"라고 다급히 말하는 목소리를 듣고, 폰뱅킹을 통하여 원고 명의의 하나은행 계좌에서 성명불상자가 지정하는 피고 1 명의의 한국외환은행계좌(계좌번호 1 생략)로 600만 원, 같은 피고 명의의 수협중앙회계좌(계좌번호 2 생략)로 500만 원, 피고 2 명의의 북대구농협계좌(계좌번호 3 생략)로 500만 원, 소외 소외인 명의의 새마을금고연합계좌(계좌번호 3 생략)로 600만 원을 각 이체하였다.

나. 피고 1은 2010. 7. 7.경, 피고 2는 2010. 7. 8.경 각 성명불상자로부터 대출을 받아주겠다는 전화를 받고 각 위 가.항 기재 각 그 명의의 통장을 만들어 현금카드와 함께 퀵서비스를 통해 성명불상자에게 교부하였다. 피고들은 위와 같은 행위로 인해 2010. 12. 13. 서울동부지방검찰청 검사로부터 전자금융거래법위반으로 기소유예처분을 받았다.

다. 원고가 피고 1의 한국외환은행계좌에 입금한 600만 원은 그중 5,997,000원이 인출되고 3,000원이 남아 있고, 위 피고의 수협중앙회계좌에 입금한 500만 원은 그중 4,998,000원이 인출되고 2,000원이 남아 있으며, 피고 2 계좌에 입금한 500만 원은 그중

4,996,400원이 인출되고 3,600원이 남아 있다.

2. 원고의 청구원인에 대한 판단

가. 부당이득반환청구에 관한 판단

원고가 피고 1 명의의 계좌로 합계 1,100만 원을, 피고 2 명의의 계좌로 500만 원을 각 입금한 사실은 앞서 본 바와 같으나, 피고들이 자신들의 명의로 개설된 위 각 계좌에 입금된 돈을 모두를 자신들의 이익으로 취득하였는지는 원고가 제출한 증거들만으로는 이를 인정하기에 부족하고, 달리 이를 인정할 증거가 없다.

다만, 피고 1 명의의 통장에 합계 5,000원이, 피고 2 명의의 통장에 3,600원이 각 남아있음은 앞서 본 바와 같고, 위 각 돈은 피고들이 법률상 원인 없이 이를 실질적으로 이득하였다고 볼 수 있으므로, 피고 1은 5,000원, 피고 2는 3,600원과 위 각 돈에 대하여 원고가 구하는 바에 따라 이 사건 소장부본 송달일 다음 날로 피고 1은 2010. 10. 26.부터, 피고 2는 2010. 11. 18.부터 각 이 사건 판결선고일인 2011. 3. 28.까지는 연 5%의, 각 그 다음 날부터 갚는 날까지는 연 20%의 각 비율로 계산한 지연손해금을 지급할 의무가 있다.

나. 손해배상청구에 관한 판단

수인이 공동하여 타인에게 손해를 가하는 민법 제760조의 공동불법행위의 성립에 있어서 행위자 상호 간의 공모는 물론 공동의 인식을 필요로 하지 아니하고, 다만 객관적으로 그 공동행위가 관련 공동되어 있으면 족하고 그 관련 공동성 있는 행위에 의하여 손해가 발생함으로써 그에 대한 배상책임을 지는 공동불법행위가 성립한다.

공동불법행위에 있어 방조라 함은 불법행위를 용이하게 하는 직접·간접의 모든 행위를 가리키는 것으로서 형법과 달리 손해의 전보를 목적으로 하여 과실을 원칙적으로 고의와 동일시하는 민법의 해석으로서는 과실에 의한 방조도 가능하다고 할 것이며, 이 경우의 과실의 내용은 불법행위에 도움을 주지 않아야 할 주의의무가 있음을 전제로 하여 이 의무에 위반하는 것을 말한다(대법원 2009. 4. 23. 선고 2009다1313 판결 등 참조).

위 인정사실에 따르면, 피고들은 성명불상자에게 자신들 명의로 개설된 통장을 양도할 당시 그 통장이 원고와 같은 불특정 다수인들을 기망한 다음 그들로부터 입금을 하게 하여 그 돈을 편취하는 이른바 '보이스피싱'에 사용될 수 있음을 충분히 예견할 수 있었다고 보이고, 비록 피고들이 '보이스피싱'의 범죄 행위에 적극적으로 가담하지 않았다고 하더라도 적어도 피고들은 통장을 양도함으로써 위와 같은 범죄행위를 용이하게 하여 이를 도운 것이므로, 피고들은 민법 제760조에 따라 공동불법행위자로서 그 손해를 배상할 책임이 있다.

다만, 원고로서도 '보이스피싱'이 사회적으로 큰 문제로 부각되고 있는 상황에서 제대로 된 확인 절차 없이 경솔하게 돈을 입금한 잘못이 있고, 이러한 원고의 과실이 이 사건 손해의 발생 및 확대에 기여하였다고 보이므로, 이를 참작하여 이 사건 손해에 관한 피고들의 책임을 70%로 제한한다.

따라서 원고에게 손해배상금으로 피고 1은 7,696,500원{(1,100만 원-5,000원)×70%}, 피고 2는 3,497,480원{(500만 원-3,600원)×70%}과 위 각 돈에 대하여 불법행위일인 2010. 7. 9.부터 이 사건 판결선고일인 2011.

3. 28.까지는 연 5%의, 그 다음 날부터 갚는 날까지는 연 20%의 각 비율로 계산한 지연손해금을 지급할 의무가 있다.

3. 결론

그렇다면, 원고의 피고들에 대한 주위적 및 예비적 청구는 각 위 인정범위 내에서 이유 있어 인용하고, 나머지 청구는 이유 없어 기각한다.

07 물건을 사면서 배송료까지 받아간 사기범!

1) 실제 사례

이 사안은 자영업자들이 주의해서 보아야 할 사안이다.

> "여보세요, 굴비업자죠? 제가 해외에 있는데 굴비를 구입하고 싶습니다. 16만 원짜리 굴비 60상자와 32만 원짜리 굴비 25상자를 구입하고 싶은데요."
>
> "아, 예. 해외 어디십니까?"
>
> "필리핀입니다. 여기서 해외 운송을 해야 하는데 제가 아는 항공업체가 있습니다. 굴비를 배로 보내면 너무 늦고 하니까, 제가 주로 거래하는 곳에 보내면 될 것 같습니다. 이런 해외 배송은 안 해보셨죠? 운송비를 먼저 보내주시면 제가 굴비 보내기 전에 1,000만 원 보내드리고, 받으면 나머지 잔금 보내겠습니다."
>
> "운송비가 얼마나 됩니까?"
>
> "여기가 항공으로 보내면 350만 원 정도 됩니다."
>
> "아, 알겠습니다. 그럼 여기서 항공으로 보내드리면 되지요?"

위와 같은 흐름으로 굴비업자는 매수인이 지정하는 계좌에 돈을 입금하였다. 그런데 굴비업자가 돈을 입금하고 다시 매수인에게 전화를 거니 연락이 되지 않았다.

아뿔싸, 보이스피싱이구나!!

하지만 이미 늦었다. 무슨 이런 황당한 일이 있나 싶지만, 실제로 일어난 일이다. 물건을 팔 때 통상 운송비는 물건을 받는 사람 쪽에서 지불하는데, 이 사안에서는 매수인이 약 2천만 원 상당의 굴비를 주문하고 자신이 알아서 해외 운송을 알아봐 준다 하니 흔쾌히 운송료로 지급하였던 것으로 보인다.

한편, 송금된 금원은 소위 환치기 수법으로 지급받았는데 이 과정도 흥미롭다.

이체된 통장의 명의자는 필리핀에서 여행가이드업을 하고 있었다. 그런데 여행객으로 온 A 씨가 여행가이드업을 하고 있는 명의자에게 "당신의 통장으로 내 친구가 돈을 송금하였는데, 이를 필리핀 화폐로 바꿔서 나에게 줘라."라는 말에 별다른 의심 없이 이를 환전하여 지급한 것이다.

이 굴비업자는 통장 명의자에게 부당이득반환청구 소송과 함께 불법 행위로 인한 손해배상소송을 제기하였다. 다만, 굴비업자의 과실도 인정해 결국 입금한 금원의 30%만 돌려받을 수 있게 되었다.

2) 관련 판례

▶ 전주지방법원 2012. 5. 23. 선고 2011나9771 판결
【부당이득금】 [각공2012하, 755]

■ **판시사항**

甲이 기존에 전혀 거래관계가 없던 성명불상자에게서 전화로 거액의 거래를 제안받은 후 乙 명의 은행계좌에 송금하였는데, 필리핀 여행가이드업자 乙은 여행객 丙에게서 이른바 환치기의 방법으로 원화를 필리핀 화폐로 바꿔 달라는 부탁을 받고 국내에 있는 乙의 예금계좌를 알려준 다음 위와 같이 계좌에 입금된 것을 확인하고 丙에게 환전해 주었는데, 甲이 보이스피싱 사기에 의한 송금이었음을 이유로 乙을 상대로 불법행위에 기한 손해배상을 구한 사안에서, 乙이 적어도 과실로 성명불상자의 불법행위를 방조한 것이므로 공동불법행위자로서 甲에게 손해배상책임이 있다고 한 사례(다만 甲이 별다른 신원확인절차 없이 고액을 송금한 점 등 제반 사정에 비추어 乙의 책임을 전체 손해의 30%로 제한함)

■ **판결요지**

甲이 기존에 전혀 거래관계가 없던 성명불상자에게서 전화로 거액의 거래를 제안받은 후 乙 명의 은행계좌에 송금하였는데, 필리핀 여행가이드업자 乙은 여행객 丙에게서 이른바 환치기의 방법으로 원화를 필리핀 화폐로 바꿔 달라는 부탁을 받고 국내에 있는 乙의 예금계좌를 알려준 다음 위와 같이 계좌에 입금된 것을 확인하고 丙에게 환전해 주었는데, 甲이 보이스피싱 사기에 의한 송금이었음을 이유로 乙을 상대로 불법행위에 기한 손해배상을 구한 사안에서, 乙이 성명불상자의 보이스피싱 범죄행위에 적극적으로 가담하지는 않았지만 위와 같은 환전행위가 외국환거래법상 금지되고, 乙이 신원을 잘 알지 못하는 자에게서 환전요청을 받아 환치기의 방법으로 환전해 주는 것이 국내의 범죄행위에 악용될 수도 있음을 예견할 수 있었을 것이라는 이유로, 적어도 과실로 성명불상자의 불법행위를 방조한 것이므로 공동불법행위자로서 甲에게 손해배상책임이 있다고 한 사례(다만 전화를 이용한 보이스피싱 피해가 사회적 문제로 부각되고 있는 상황에서 甲이 별다른 신원확인 절차 없이 고액을 송금한 점 등 제반 사정에 비추어 乙의 책임을 전체 손해의 30%로 제한함).

【주 문】

1. 제1심판결 중 아래에서 지급을 명하는 돈을 초과하는 피고 패소 부분을 취소하고, 그 취소부분에 해당하는 원고의 청구를 기각한다. 피고는 원고에게 1,050,000원 및 이에 대한 2011. 2. 10.부터 2012. 5. 23.까지는 연 5%의, 그 다음 날부터 다 갚는 날까지는 연 20%의 각 비율로 셈한 돈을 지급하라.
2. 피고의 나머지 항소를 기각한다.
3. 소송 총비용은 각자 부담한다.

【청구취지 및 항소취지】

1. 청구취지

피고는 원고에게 3,500,000원 및 이에 대하여 이 사건 소장 부본 송달일 다음 날부터 다 갚는 날까지 연 20%의 비율로 셈한 돈을 지급하라.

2. 항소취지

제1심판결을 취소한다. 원고의 청구를 기각한다.

【이 유】

1. 기초사실

가. 원고는 'ＯＯＯＯ굴비'라는 상호로 소외 1과 공동으로 굴비판매업을 하는 사람인데, 2010. 12. 3.경 성명불상자에게서 "해외에서 굴비를 구입하려고 하는데 16만 원짜리 굴비 60상자와 32만 원짜리 굴비 25상자를 구입하고 싶으니 운송비 350만 원을 피고 명의의 계좌로 입금해 달라"는 전화를 받고 2010. 12. 5.경 위 소외 1 명의의 농협계좌에서 피고 명의의 계좌로 350만 원을 입금하였다. 이후 원고는 성명불상자와 연락을 시도했으나 연락이 이루어지지 않았다.

나. 한편, 필리핀에서 여행가이드업을 하고 있던 피고는 2010. 12. 초순경 여행객인 소외 2한테서 소외 환치기의 방법으로 원화를 필리핀 화폐로 바꿔 달라는 부탁을 받고 국내에 있는 피고의 예금계좌를 알려준 다음, 피고 명의의 계좌에 350만 원이 입금된 것을 확인하고 소외 2에게 필리핀 화폐 127,000페소를 지급하였다.

2. 당사자의 주장 및 그것에 대한 판단

가. 당사자의 주장

1) 원고의 주장

원고가 피고 명의의 은행계좌로 350만 원을 송금한 것은 속칭 보이스피싱 사기에 의한 송금이었으므로 피고는 원고에게 부당이득반환 또는 불법행위에 기한 손해배상으로서 위 350만 원 및 이에 대한 지연손해금을 지급할 의무가 있다.

2) 피고의 주장

원고의 주장과 같이 보이스피싱 사기가 발생하였다 하더라도 소외 2 이라는 여행객에게서 환전 요청을 받고 피고의 은행계좌를 알려준 뒤 350만 원이 입금된 것을 확인하고 필리핀 화폐 127,000페소를 위 소외 2에게 지급하였을 뿐이므로, 피고에게 부당이득반환 또는 불법행위책임이 없다.

나. 부당이득반환청구에 대한 판단

1) 살피건대, 계약상 급부가 계약의 상대방뿐만 아니라 제3자의 이익으로 된 경우에 급부를 한 계약당사자가 계약 상대방에 대하여 계약상의 반대급부를 청구할 수 있는 이외에 그 제3자에 대하여 직접 부당이득반환청구를 할 수 있다고 보면, 자기 책임하에 체결된 계약에 따른 위험부담을 제3자에게 전가시키는 것이 되어 계약법의 기본원리에 반하는 결과를 초래할 뿐만 아니라, 채권자인 계약당사자가 채무자인 계약 상대방의 일반채권자에 비하여 우대받는 결과가 되어 일반채권자의 이익을 해치게 되고, 수익자인 제3자가 계약 상대방에 대하여 가지는 항변권 등을 침해하게 되어 부당하므로, 위와 같은 경우 계약상 급부를 한 계약당사자는 이익의 귀

속 주체인 제3자에 대하여 직접 부당이득반환을 청구할 수는 없고(대법원 2010. 6. 24. 선고 2010다9269 판결 참조), 이는 제3자가 원인관계인 법률관계에 무효 등의 흠이 있었다는 사실을 알고 있었다고 할지라도 마찬가지이다(대법원 2008. 9. 11. 선고 2006다46278 판결 등 참조).

2) 이 사건에서 보건대, 갑 제1 내지 3호증에 각 적힌 내용만으로는 피고가 보이스피싱 사기범과 동일인이라거나, 원고한테서 직접 법률상 원인 없이 이득을 얻었다는 점을 인정하기에 부족하고, 달리 이를 인정할 증거가 없는데, 원고가 성명불상의 제3자의 기망에 의하여 위 제3자와 굴비매매계약을 체결하고 피고에게 운송비 명목의 금원을 직접 송금하였고, 위 제3자의 사기를 이유로 위 굴비매매계약을 취소하였다고 하더라도, 이를 이유로 피고에게 직접 부당이득의 반환을 구할 수는 없다고 할 것이므로, 원고의 위 주장은 이유 없다.

다. 손해배상청구에 대한 판단

1) 수인이 공동하여 타인에게 손해를 가하는 민법 제760조의 공동불법행위에 있어서 행위자 상호 간의 공모는 물론 공동의 인식을 필요로 하지 아니하고, 다만 객관적으로 그 공동행위가 관련 공동되어 있으면 족하고 그 관련 공동성 있는 행위에 의하여 손해가 발생함으로써 그에 대한 배상책임을 지는 공동불법행위가 성립한다. 공동불법행위에 있어 방조라 함은 불법행위를 용이하게 하는 직접·간접의 모든 행위를 가리키는 것으로서 형법과 달리 손해의 전

보를 목적으로 하여 과실을 원칙적으로 고의와 동일시하는 민법의 해석으로서는 과실에 의한 방조도 가능하다고 할 것이며, 이 경우의 과실의 내용은 불법행위에 도움을 주지 않아야 할 주의의무가 있음을 전제로 하여 이 의무에 위반하는 것을 말한다(대법원 2009. 4. 23. 선고 2009다1313 판결 등 참조).

2) 이 사건에서, 위 인정 사실에다가 최근 타인의 통장을 이용한 보이스피싱 범죄가 성행하고 있는 점을 더하여 보면, 비록 피고가 성명불상자의 보이스피싱 범죄행위에 적극적으로 가담하지는 않았다 하더라도 위와 같은 환전행위가 외국환거래법상 금지되고, 피고가 신원을 잘 알지 못하는 자에게서 환전요청을 받아 환치기의 방법으로 적지 않은 돈인 350만 원을 환전해 주었을 때 그것이 국내에서의 범죄행위에 악용될 수도 있음을 예견할 수 있었을 것으로 보이므로, 적어도 피고는 과실로 성명불상자의 이 사건 불법행위를 방조한 것이므로 공동불법행위자로서 원고에게 그 손해를 배상할 책임이 있다.

3) 다만, 전화를 이용한 보이스피싱의 수법이 날로 다양해지고 그 피해가 사회적 문제로 부각되고 있는 상황에서 원고가 굴비 판매업자로서 기존에 전혀 거래관계가 없던 해외에 거주하고 있다고 소개한 성명불상자에게서 전화로 1,700만 원 이상의 거액의 거래를 제안 받고 별다른 신원확인절차 없이 고액의 운송비를 송금한 점, 원고가 2010. 12. 3.경 위 성명불상자의 요구로 굴비 운송비 명목으로 소외 3 명의의 계좌에 512만 원을 입금한 후 별다른 의심 없이 그로부터 이틀 후에 350만 원을 피고 명의계좌로 추가로 입금

한 점, 비록 원고가 성명불상자에게서 "운송회사에 외국환으로 운송비를 지급할 경우 환전절차로 인하여 원하는 날짜에 물건을 선적할 수 없다. 우선 원고 계좌로 미화 27,000불을 송금할 테니 운송비로 위 350만 원을 지급해 달라"는 말과 함께 허위의 위 미화 27,000불의 입금확인증을 송부받는 등 성명불상자의 적극적 기망행위에 속아 위 350만 원을 입금했다 하더라도 물품의 매도인이 위와 같은 경위로 매수인을 대신하여 운송비를 지급하는 것은 매우 이례적인 점 등에 비추어 보면, 이러한 원고의 과실 또한 그 손해의 발생 및 확대에 기여하였다고 볼 것이고, 원고의 이체금액 및 경위, 피고가 계좌번호를 제3자에게 알려준 동기 및 경위 등을 참작하면 이 사건 손해의 발생 및 확대에 피고의 과실보다는 원고의 과실이 더 큰 기여를 했다고 판단되므로, 피고의 책임을 전체 손해의 30%로 제한한다.

4) 따라서 피고는 원고에게 105만 원(=350만 원×0.3) 및 이에 대하여 이 사건 소장 부본 송달일 다음 날인 2011. 2. 10.부터 피고가 지급의무가 있는지 및 그 범위에 대하여 다툴만하다고 여겨지는 이 판결 선고일인 2012. 5. 23.까지는 민법이 정한 연 5%의, 그 다음 날부터 다 갚는 날까지는 소송촉진 등에 관한 특례법이 정한 연 20%의 각 비율로 셈한 지연손해금을 지급할 의무가 있다.

3. 결론

그렇다면, 원고의 이 사건 청구는 위 인정범위 내에서 이유 있어 이를 일부 인용하고 나머지는 이유 없어 이를 기각할 것인데, 이와 결론을 일부 달리한 제1심판결 중 위에서 인정한 돈을 초과하여 지급을 명한 피고 패소 부분은 부당하므로 이를 취소하고, 그 취소 부분에 해당하는 원고의 청구를 기각하며, 피고의 나머지 항소는 이유 없어 이를 기각하기로 하여, 주문과 같이 판결한다.

08 공인인증서 재발급해 준 은행, 사과도 해야지!

1) 실제 사례

보이스피싱 범죄 유형 중 사기범들이 피해자 몰래 공인인증서를 재발급받아 피해자의 통장에 있는 금원을 다른 통장으로 이체하고 이를 인출한 경우에 피해자는 이체를 받은 명의자에게 부당이득반환청구소송이나 불법행위로 인한 손해배상을 청구할 수 있다.

그런데 이 사건의 핵심은 실제로 은행에서 공인인증서를 실제 명의자 이외에 명의자로 확인된 자에게 지급한 것에서부터 시작되는 것이다. 우리나라의 경우 공인인증서를 실명확인을 거쳐 발급하여 주고 있는데 이 실명확인이라는 것이 사실상 '그러한 명의자가 있다'는 것일 뿐, '공인인증서를 현재 발급받는 자 = 명의자'의 확인은 아닌 것이다.

바로 이러한 점 때문에 많은 피해자가 양산되고 있는데, 보이스피싱으로 피해를 입은 피해자가 공인인증서를 발급한 은행에 손해배상을 청구하는 경우가 많다. 그런데 피해자로서도 자신이 일부 개인정보를 넘기기 때문에 과실이 인정되어 피해보상을 받는 경우는 거의 없다. 이러한 부분은 피해자 구제를 위해 정부와 국회입법을 통한 법적 보완이 필요할 것이라고 생각된다.

2) 관련 판례

피해자의 중과실을 인정해 은행에 배상책임이 없다는 판결

▶ 대법원 2014. 1. 29. 선고 2013다86489 판결
【손해배상(기)】 [공2014상,499]

■ 판시사항

[1] 전자금융거래법 제9조 제2항에서 정한 '이용자의 고의나 중대한 과실'이 있는지 판단하는 기준

[2] 甲이 금융기관인 乙 주식회사 등에서 금융거래를 하면서 인터넷뱅킹 서비스를 이용했는데, 丙이 전화금융사기를 통하여 甲에게서 취득한 금융거래정보를 이용하여 甲 명의의 공인인증서를 재발급받아 다른 금융기관들로부터 대출서비스 등을 받은 사안에서, 甲의 금융거래정보 노출행위가 금융사고의 발생에 이용자의 '중대한 과실'이 있는 경우에 해당한다고 본 원심판단을 수긍한 사례

■ 판결요지

[1] 전자금융거래법 제9조, 전자금융거래법 시행령 제8조 등에서 정하는 '고의 또는 중대한 과실'이 있는지 여부는 접근매체의 위조 등 금융사고가 일어난 구체적인 경위, 그 위조 등 수법의 내용 및 그 수법에 대한 일반인의 인식 정도, 금융거래 이용자의 직업 및 금융거래 이용경력 기타 제반 사정을 고려하여 판단할 것이다.

[2] 甲(피해자)이 금융기관인 乙 주식회사 등에서 예금계좌를 개설하여 금융거래를 하면서 인터넷뱅킹 서비스를 이용하여 왔는데, 丙이 전화금융사기(이른바 보이스피싱)를 통하여 甲에게서 취득한 금융거래정보를 이용하여 甲 명의의 공인인증서를 재발급받아 다른 금융기관들로부터 대출서비스 등을 받은 사안에서, 甲이 제3자에게 접근매체인 공인인증서 발급에 필수적인 계좌번호, 계좌비밀번호, 주민등록번호, 보안카드번호, 보안카드 비밀번호를 모두 알려준 점 등 제반 사정에 비추어, 甲의 금융거래정보 노출행위가 전자금융거래법 등에서 정한 금융사고의 발생에 이용자의 '중대한 과실'이 있는 경우에 해당한다고 본 원심판단을 수긍한 사례.

【주 문】

상고를 모두 기각한다. 상고비용은 원고가 부담한다.

【이 유】

상고이유를 판단한다.

1. 상고이유 제1점에 관하여

가. 전자금융거래법 제9조는 그 제1항에서 금융기관 등은 그 법률에서 정하는 접근매체의 위조나 변조로 발생한 사고 등으로 이용자에게 손해가 발생한 경우에는 그 손해를 배상할 책임을 진다고 정

하는데, 그 제2항은 제1항의 규정에 불구하고 금융기관 등은 "사고 발생에 있어서 이용자의 고의나 중대한 과실이 있는 경우로서 그 책임의 전부 또는 일부를 이용자의 부담으로 할 수 있다는 취지의 약정을 미리 이용자와 체결한 경우" 등에는 그 책임의 전부 또는 일부를 이용자가 부담하게 할 수 있다고 정하고 있다.

그리고 위 법률 제9조 제3항의 위임에 기하여 위 제2항에서의 '고의나 중대한 과실'의 구체적 내용을 규정하는 전자금융거래법 시행령 제8조는 그 제2호에서 그에 해당하는 것의 하나로 "제3자가 권한 없이 이용자의 접근매체를 이용하여 전자금융거래를 할 수 있음을 알았거나 쉽게 알 수 있었음에도 불구하고 접근매체를 누설하거나 노출 또는 방치한 경우"를 정하고 있다. 또한 피고들이 사용하는 것으로서 원고와의 이 사건 금융거래에서 사용된 전자금융거래 기본약관 제20조에서도 위의 법 규정들과 같은 내용이 정하여져 있다.

여기서 위의 법 규정이나 약관에서 정하는 '고의 또는 중대한 과실'이 있는지 여부는 접근매체의 위조 등 금융사고가 일어난 구체적인 경위, 그 위조 등 수법의 내용 및 그 수법에 대한 일반인의 인식 정도, 금융거래 이용자의 직업 및 금융거래 이용경력 기타 제반 사정을 고려하여 판단할 것이다.

나. 원심은 우선 다음과 같은 사실을 인정하였다. 원고는 피고들에서 각 예금계좌를 개설하여 금융거래를 하면서 인터넷뱅킹 서비스를 이용하여 왔는데, 성명불상자가 2012.3.30. 원고에게 전화를 걸어 자신을 서울지방검찰청 검사라고 속이고 원고로 하여금 허위 대검찰청 인터넷 사이트에 접속하게 한 후 원고의 주민등록번호, 휴대전화번호, 신용카드번호, 예금계좌번호, 각 비밀번호, 보안카드번

호, 보안카드 비밀번호를 각 입력하게 하였다. 위 성명불상자는 같은 날 원고가 입력한 금융거래정보를 이용하여 원고 명의의 공인인증서를 재발급받았고, 이를 이용하여 현대카드 주식회사 등 3개의 금융기관으로부터 대출 서비스 등을 받아 그 각 금전을 위 각 예금계좌로 송금받은 다음 다시 제3자 명의의 예금계좌로 송금하였다.

나아가 원심은 그 채택의 증거에 인정되는 사정들, 즉 ① 이 사건 금융사고 당시에는 전화금융사기(이른바 보이스피싱)가 빈발하여 이에 대한 사회적인 경각심이 높아진 상태이었던 점, ② 원고는 이 사건 금융사고 당시 만 33세로서 공부방을 운영하는 등 사회경험이 있었고 1년 이상 인터넷뱅킹 서비스를 이용하여 왔던 점, ③ 원고는 관련 형사사건의 조사과정에서 성명불상자로부터 '001'로 시작되는 국제전화를 받아 순간 이상하다는 생각을 하였다고 진술하고 있는 점, ④ 그럼에도 원고는 제3자에게 접근매체인 공인인증서 발급에 필수적인 계좌번호, 계좌비밀번호, 주민등록번호, 보안카드번호, 보안카드 비밀번호를 모두 알려준 점 등에 비추어 보면, 원고는 '제3자가 권한 없이 접근매체를 이용하여 전자금융거래를 할 수 있음을 알았거나 쉽게 알 수 있었음에도 이를 노출'하였다고 볼 것이므로, 결국 원고의 위와 같은 금융거래정보 노출행위는 전자금융거래법 제9조 제2항, 제3항, 같은 법 시행령 제8조 제2호, 피고들의 전자금융거래 기본약관 제20조가 정하는 금융사고의 발생에 이용자의 '중대한 과실'이 있는 경우에 해당한다고 판단하였다. 그리고 피고들의 면책주장을 전부 받아들였다.

다. 앞서 본 법리에 비추어 살펴보면, 원심의 위와 같은 판단은 정당한 것으로 수긍할 수 있다. 거기에 상고이유의 주장과 같이 위의 법 규정 등에서의 '중대한 과실' 또는 면책의 범위에 관한 법리를 오해하는 등으로 판결에 영향을 미친 위법이 있다고 할 수 없다.

2. 상고이유 제2점에 관하여

원고는 피고들이 공인인증서가 재발급되는 경우에는 이용자에게 이를 통지하여야 할 주의의무가 있음에도 피고들이 이를 게을리하여 원고가 이 사건 금융사고를 방지하지 못하게 하였으므로 피고들은 민법 제760조 제3항이 규정한 과실에 의한 불법행위방조책임에 따라 원고가 입은 손해를 배상할 책임이 있다고 주장하였다.

이에 대하여 원심은 피고들에게 공인인증서의 재발급에 있어서 원고에게 이를 문자메시지 등을 이용하여 통지할 주의의무가 있다고 할 수 없고 오히려 문자메시지 등을 이용한 통지는 피고들이 이용자의 요청에 따라 제공하는 서비스로 보이는데 원고는 인터넷뱅킹 서비스 신청 당시 보안 SMS 신청을 하지 아니하였으며, 설령 피고들에게 그러한 주의의무가 있다고 하더라도 이를 이행하지 아니함으로써 이 사건 금융사고가 발생하였다고 할 수 없으므로, 원고의 위 주장은 이유 없다고 판단하였다.

관련 법리에 비추어 기록을 살펴보면, 원심의 판단은 정당하고, 거기에 상고이유의 주장과 같이 불법행위의 방조에 관한 법리를 오해한 위법이 있다고 할 수 없다.

3. 결론

그러므로 상고를 기각하고 상고비용은 패소자의 부담으로 하기로 하여, 관여 대법관의 일치된 의견으로 주문과 같이 판결한다.

알아두면 좋은 법률지식

01 형사사건의 개괄

형사사건 수사 및 재판 절차도

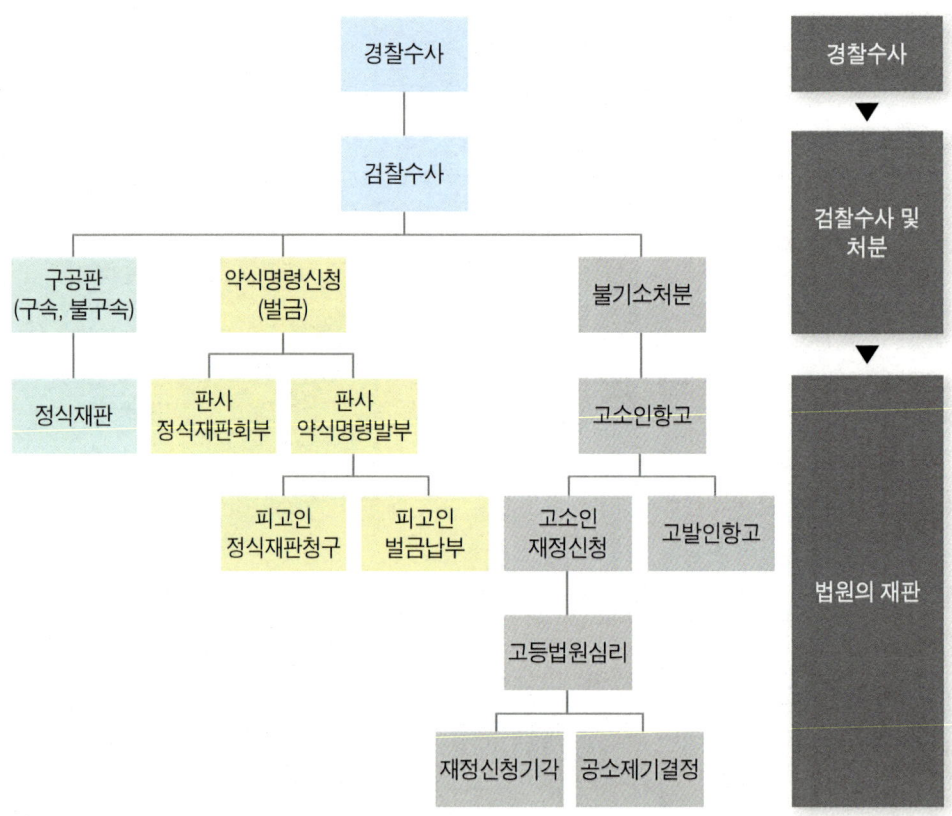

형사사건은 경찰에서 수사를 시작한 뒤, 수사종결권을 가진 검찰에 반드시 송치한다.

형사공판 진행절차 흐름도

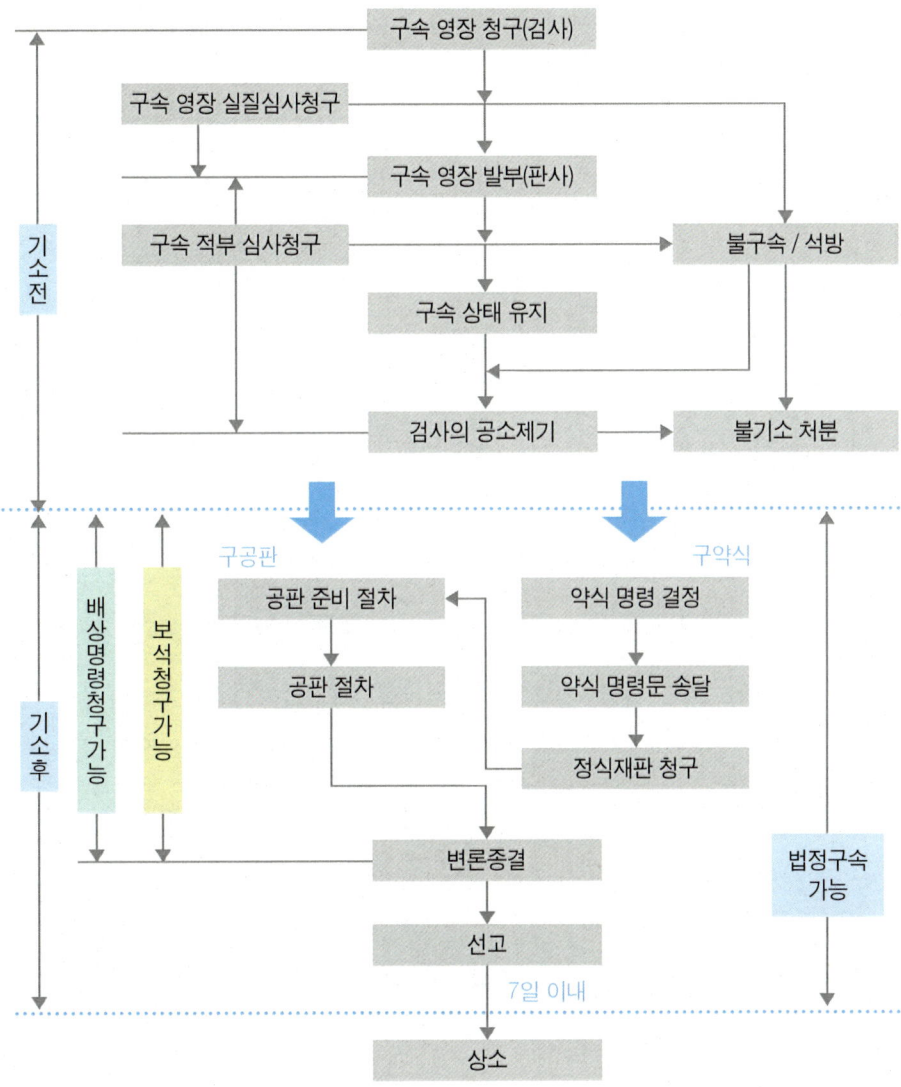

검찰에서는 수사종결권을 가지고 있으므로 불기소 처분과 기소 처분을 할 수 있다. 불기소 처분이나 기소유예 처분을 하는 경우에는 검찰에서 절차가 종료된다. 기소유예의 경우에는 더 이상 다툴 수 있는 절차가 사실상 없어 오히려 피의자에게 불리한 경우도 종종 발생한다. 기소를 하는 경우에는 크게 구약식과 구공판으로 진행된다.

02 재판 용어 해설

1) 민·형사재판 공통

① 기일, 송달 등

• 재판부

해당 사건을 담당하는 판사와 법원 직원. 사건의 경중, 법률의 규정 등에 따라서 합의부 관할 사건은 판사 3명이 담당하고, 단독판사 관할 사건은 판사 1명이 담당함. 재판부에 속해 있는 직원으로, 재판에 참여하여 조서 작성 등을 담당하는 '참여관', 송달 등 재판 진행 관련 실무를 담당하는 '실무관', 법정 내 보안을 담당하는 '법원경위' 등이 있음.

• 관할

어떤 법원 또는 재판부가 특정 사건을 재판할 수 있는 권한(지역, 소송목적의 값, 사건의 경중, 상소 관계 등에 따라 나뉨)

• 기일(변론기일, 공판기일)

당사자 기타 소송관계인이 법정 등에 모여 함께 재판을 하기 위해서 법원이 미리 지정한 일시와 장소를 말함. 민사재판에서는 '변론기일'이라고 하고, 형사재판에서는 '공판기일'이라고 함.

- 속행

해당 기일의 재판을 하고, 다음 기일을 지정하여 계속 진행함.

- 연기

해당 기일의 재판을 하지 않고, 새로 다음 기일을 지정함.

- 추정(추후 지정)

다음 기일을 곧바로 지정하지 않고 나중에 별도로 지정하여 통지함.

- 변론종결

재판 당사자가 주장과 증거를 제출할 수 있는 종기를 의미함. 변론종결이 된 이후에 제출된 자료는 참고적인 효력만이 있음.

- 변론재개

법원이 필요하다고 인정하는 경우 직권으로 또는 신청을 받아서 종결되었던 변론을 다시 여는 결정.

- 송달

법원이 당사자 기타 소송관계인에게 재판에 관련된 서류의 내용을 알리기 위하여 정해진 절차에 따라 서면을 보내는 것.

- 공시송달

주소를 알 수 없어 일반적인 송달이 어려운 경우 법원에서 송달 서류를 보관하고 그 사유를 법원 홈페이지 전자게시판 또는 법원 게시판에 게시하는 등의 송달 방법.

② 증거 관련

- 서증

재판에서 증거로 사용되는 문서.

- 진정성립

문서의 내용이 위조나 변조 없이, 자신이 원래 작성하거나 진술한 것과 동일하게 기재되어 있음을 인정하는 것. 민사소송에서는 해당 문서의 서명 또는 날인이나 무인이 사실인 경우 진정성립이 추정됨.

- 검증

재판부 판사들이 직접 보거나 듣는 등 어떤 대상의 성질이나 상태를 직접 인식하는 방법으로 증거를 조사하는 일.

- 현장검증

법원이 법정 이외에 사건과 관련된 현장에서 실시하는 검증.

- 감정

재판에 도움을 주기 위하여 재판에 관련된 사항에 대해 그 분야의 전문가가 의견과 지식을 보고하는 일.

- 사실조회

법원이 직권 또는 당사자 신청으로 재판에 필요한 자료를 얻기 위해 공공기관 등에 특정 사실관계의 보고를 요청하는 것.

- 문서송부촉탁

법원이 직권 또는 당사자 신청으로 재판과 관련된 문서를 가지고 있는 기관 등에 보관 서류의 송부를 요청하는 것.

- 보정

소송상 제출하는 서류나 소송행위에 불충분한 점이나 하자가 있을 경우에 이를 보충하거나 고치는 것으로, 재판부의 '보정명령'에 대하여 당사자가 그 기한 내 보정을 하지 않을 경우 청구(신청)가 기각 또는 각하될 수 있음.

③ 재판의 결론, 상소 등

- 인용

법원이 원고 또는 신청인이 주장한 청구 또는 신청이 타당하다고 판단해서 이를 받아들이는 것.

• 기각

법원이 원고 또는 신청인이 주장한 청구 또는 신청이 타당하지 않다고 판단해서 이를 받아들이지 않는 것.

• 각하

당사자의 청구 또는 신청이 법률상 부적법하거나 형식적인 요건을 갖추지 못하여 곧바로 받아들이지 않는 것.

• 항소, 상고, 항고, 상소

(1) 항소: 1심법원 '판결'에 불복하여 2심법원에 다시 판단을 구함.
(2) 상고: 2심법원 '판결'에 불복하여 3심법원에 다시 판단을 구함.
(3) 항고: '판결'이 아닌 '결정'이나 '명령'에 대한 불복.
(4) 상소: 위 내용을 모두 포괄하는 것.

• 상소기간

민사재판은 판결서가 송달된 날로부터 2주 이내에, 형사재판은 판결이 선고된 날로부터 1주 이내에 상소장을 원심법원에 제출하여야 함.

2) 민사재판

① 소의 제기와 당사자

- 원심법원

재판이 상소되기 전 원래의 재판을 한 법원.

- 제소

민사재판을 시작하기 위하여 소장을 법원에 접수하는 등의 방법으로 소를 제기하는 것.

- 반소

민사소송 진행 중에 피고가 원고가 제기한 소송절차 내에서 원고를 상대로 새로운 소를 제기하는 것.

- 소액사건

소송목적의 값이 2,000만 원 이하이거나 법률에 규정된 단순한 민사 사건을 말하는 것으로, 간편하고 빠른 절차로 재판이 진행됨.

- 원고

법원에 소를 제기하여 민사재판을 시작한 사람 또는 소를 제기한 사람.

• 피고

소제기를 당한 사람, 원고의 상대방 당사자. 형사재판의 '피고인'과 구별됨.

• 소송대리인

재판에서 소송당사자를 대신하여 소송행위를 하거나 받는 사람. 원칙적으로 변호사만이 소송대리인이 될 수 있으나, 단독판사가 재판하는 사건에서는 미리 당사자와의 관계를 확인할 수 있는 자료를 제출하고 법원의 허가를 받아 배우자, 4촌 이내 친족, 통상사무보조원 같은 사람도 소송대리인이 될 수 있음. 소액사건에서는 배우자, 직계혈족 또는 형제자매는 법원의 허가 없이 소송대리인이 될 수 있음.

• 선정당사자

여러 명이 소송의 당사자인 경우 당사자 전원이 재판에 출석하는 등 소송 진행에 어려움이 있을 때 그중 한 사람을 대표자로 선정하여 소송을 수행하는 것을 말함.

② 각종 서면과 답변 방법 등

• 소장

소를 제기하기 위해 법원에 최초로 제출하는 서류(당사자, 소송대리인, 청구취지, 청구원인 등을 기재함).

- 청구취지

어떠한 다툼에 관해 원고가 법원에 구하는 결론적인 내용을 적는 부분으로서, 원고가 전부 승소판결을 받았을 경우 예상되는 주문을 말함.

- 청구원인

사건을 청구하는 원인, 즉 청구취지와 같은 판결이 선고되어야 하는 이유를 말함.

- 답변서

피고가 원고가 낸 소장에 대한 반대의 주장 및 이유를 적어 제출하는 문서. 소장을 받은 뒤 30일 내에 제출하여야 함.

- 준비서면

당사자가 재판하는 날 법정에서 진술하려는 내용을 미리 적어 법원에 제출하는 서류.

- 부본 영수

민사재판에서 원·피고가 법원에 제출하는 소장, 답변서, 준비서면의 부본을 상대방이 제대로 전달받았음을 확인하는 절차로, 통상 서면의 '부본 영수'란에 서명이나 날인을 하는 방법으로 이루어짐. 민사재판에서 서면은 상대방에게도 전달되어야 하므로, 당사자는 법원에 서면을 제출할 때 법원용 1부 외에 상대방 수만큼 부본을 제출하여야 함.

- 원본/부본

원본은 서류를 작성한 사람이 그 내용을 확정적으로 표시한 것으로서 최초에 작성한 서류이며, 부본은 원본과 동일한 내용의 문서를 말함.

- 석명준비명령

당사자가 제출한 소장이나 답변서 등의 내용에 부족한 사항이 있거나, 주장이나 증거 제출을 촉구할 때 법원이 보내는 것으로 통상 그 기한을 정함.

- 부지

당사자가 상대방이 주장하는 사실에 대해 그러한 사실이 있는지 여부를 모른다고 답변하는 것.

- 부인

당사자가 상대방이 주장하는 사실에 대해 그러한 사실이 없다고 답변하는 것.

- 항변

상대방의 주장을 단순히 부인하는 것이 아니라, 일단 상대방의 주장 사실을 인정하되, 별개의 사항을 주장하여 상대방 주장이 결국 옳지 않다는 주장을 하는 것.

③ 증거 관련

- 증명책임(입증책임)

소송에서 자기에게 유리한 사실을 주장하기 위해 법원을 설득할 만한 증거를 제출해야 하는 책임. 입증책임을 지는 당사자가 이를 입증하지 못하면 그와 같은 사실이 없는 것으로 취급됨.

- 갑 호증

당사자 중 원고가 제출한 서증에 붙이는 번호.

- 을 호증

당사자 중 피고가 제출한 서증에 붙이는 번호.

④ 변론기일의 진행 등

- 진술/제출

'진술'은 당사자나 소송대리인이 변론기일에 출석하여 각 주장을 담은 서면을 재판 절차에 반영해 달라는 의미로 사용되고, '제출'은 각종 증거를 재판 과정에 반영해 달라는 의미로 사용.

- 쌍불(쌍방 불출석)

원·피고 모두가 변론기일에 출석하지 않거나, 출석했더라도 변론하지 않는 경우를 말함. 통상 피고만 출석한 경우도 피고의 이익을 위해 쌍불 처리하는 경우가 많음. 쌍불 처리가 2회 되면 당사자는 30일 내에 다시 기일지정 신청을 해야 하고, 그 기간 내에 기일지정 신청이 없으면 소송이 취하 간주됨.

● 주신문/반대신문

증인신문 또는 당사자신문 등에 있어서, 신문을 신청한 측에서 하는 것이 주신문이고, 신청하지 아니한 상대방에서 하는 것이 반대신문.

⑤ 재판의 결론 등

● 소취하

원고가 제기한 소 자체를 스스로 그만두겠다는 의사표시를 법원에 진술하는 것.

● 청구의 포기

원고가 제기한 소송의 주장들 가운데 일부 또는 전부가 타당하지 않음을 스스로 인정하고 청구를 포기한다고 법원에 진술하는 것.

● 청구의 인낙

피고가 원고의 청구 중 일부나 전부가 타당하다고 인정하면서 그

부분을 인정한다고 법원에 진술하는 것.

- 무변론 판결

피고가 소장을 받은 뒤 30일 내에 답변서를 제출하지 아니하거나, 제출한 답변서가 원고의 주장을 모두 자백하는 내용일 경우 일정한 요건 하에 변론기일을 잡지 않고, 선고기일을 바로 지정하여 선고하는 판결.

- 조정/화해권고

판결로 재판이 끝나는 것이 아니라 법원에서 양 당사자 간 상호 양보를 통한 합의로 종결하는 것을 '조정'이라고 하고, 조정이 성립되면 판결과 같은 효력이 있음. 일정한 경우 재판부에서 조정안을 제시하면서 '조정을 갈음하는 결정(강제조정)'이나, '화해권고결정'을 할 수 있고, 두 결정 모두 송달받은 후 2주 이내에 이의가 없으면 판결과 같은 효력이 있음.

- 가집행

판결이 확정되지 않았더라도 판결을 미리 집행할 수 있는 권한을 주는 것으로, 판결 주문에 가집행선고가 기재되어야 함.

3) 형사재판

① 공소제기와 재판의 당사자 등

• 공소제기/공소장
검사가 법원에 피고인을 처벌해 달라고 요구하는 것을 '공소제기' 또는 '기소'라 함. 공소를 위해 작성한 서류를 '공소장'이라 하고, 공소장에 기재된 피고인의 범죄 사실을 '공소사실'이라고 함.

• 피고인
검사로부터 공소제기를 당한 자로서 당해 사건의 재판이 확정되기 전까지의 자.

• 국선변호인
피고인 스스로 변호인을 구하기 어려운 경우에 법률상 일정한 요건에 따라 피고인을 위하여 법원이 선정해 주는 변호인. 피고인이 구속된 때, 미성년자이거나 70세 이상일 때, 농아자인 때, 심신장애의 의심이 있을 때, 사형, 무기 또는 단기 3년 이상의 징역이나 금고에 해당하는 사건으로 기소된 때에는 법원이 직권으로 국선변호인을 선정하여야 하고, 빈곤 그 밖의 사유로 변호인을 선임할 수 없는 경우 피고인의 청구가 있으면 국선변호인을 선정할 수 있음.

• 약식명령

공판절차를 거치지 아니하고 서면심리만으로 피고인에게 벌금 등을 부과하는 간이한 형사재판. 검사 또는 피고인은 약식명령을 고지받은 후 7일 이내에 정식재판을 청구할 수 있음.

• 보석

법원이 상당한 이유가 인정될 때 보증금의 납부 또는 다른 적당한 조건을 붙여 구속된 피고인을 석방하는 결정.

• 구속집행정지

법원이 상당한 이유가 인정될 때 구속된 피고인을 친족·보호단체 기타 적당한 자에게 부탁하거나 피고인의 주거를 제한하여 구속 집행을 정지하는 결정

② 국민참여재판, 공판기일에서의 절차 등

• 국민참여재판

만 20세 이상 국민 가운데 무작위로 선정된 배심원들이 형사재판에 직접 참여하여 유죄, 무죄의 평결을 내리고, 배심원들의 권고에 따라서 재판부가 최종 판결을 내리는 형사재판절차. 법률에 규정된 대상사건에 한하여 피고인이 원하는 경우에 진행됨.

- 진술거부권

피고인 또는 피의자가 공판절차에서 법원 또는 수사기관의 신문에 대하여 진술을 거부할 수 있는 권리.

- 인정신문

성명, 연령, 등록기준지, 주거, 직업을 물어서 출석한 자가 피고인임이 틀림없는지를 확인하는 절차.

- 검사의 모두진술

검사가 공소사실·죄명 및 적용법조 등 공소제기의 요지를 진술하는 절차.

- 피고인의 모두진술

피고인이 공소사실의 인정 여부 및 자신에게 이익이 되는 사실을 진술하는 절차.

- 양형 심리

피고인에게 적정한 형을 정하기 위하여 법원이 재판 과정에서 여러 가지 사정을 알아보는 절차.

③ 증거 관련

- 증거능력

형사재판에서 엄격한 증명의 자료로 사용될 수 있는 법률상 자격. 증거능력이 없는 증거는 원칙적으로 재판정에 증거로 제출되어서는 아니 되고, 공소사실을 뒷받침하는 증거로 사용될 수 없음.

- 증명력

사실을 증명할 수 있는 증거의 실질적 가치.

- 증거 동의

검사와 피고인이 법원에게 어떤 물건 또는 서류에 대하여 증거로 할 수 있다고 동의하는 것을 말함.

- 조서

수사기관 또는 법원이 절차의 내용을 확실히 하기 위하여 형사소송법에 규정된 절차에 따라 작성하는 공문서.

- 내용 인정/부인

조서의 기재내용이 객관적 진실에 부합한다는 것을 인정하거나 부인하는 것을 말함. 경찰에서 작성한 피의자신문조서는 피고인이 내용을 부인하면 증거능력이 없어 증거로 사용할 수 없음.

④ 재판의 결론 등

• 집행유예

　징역형 등의 형을 선고하되, 일정 기간의 유예기간을 정하고 그 기간이 경과한 때에는 선고의 효력을 잃게 되는 제도. 집행유예기간 중 고의로 범한 죄로 금고 이상의 실형을 선고받아 그 판결이 확정된 때에는 집행유예는 효력을 잃고 원래 선고된 형을 집행받게 됨.

• 선고유예

　범죄가 가벼운 피고인에 대하여 일정한 기간 동안 형의 선고를 유예하고 그 기간이 경과한 때에는 면소된 것으로 간주하는 제도.

• 보호관찰

　형이 확정된 피고인을 교도소에 수용하지 않고, 사회생활을 하면서 일정한 기간 동안 준수사항을 지키고 보호관찰관의 감독과 지도를 받으면서 갱생할 수 있도록 하는 처분. 집행유예와 선고유예 판결에 부가되는 경우가 많음.

• 사회봉사명령/수강명령

　집행유예나 선고유예 판결을 받은 피고인이 반성하고 교화할 수 있도록 일정한 기간 동안 보수 없이 사회봉사활동을 하게 하거나, 관련 교육을 수강하도록 하는 처분. 통상 보호관찰과 함께 시행됨.

- 노역장유치

피고인이 벌금 등을 납입하지 않는 경우 일정한 유치 기간을 정하여 피고인을 노역장에 수용하고 노역을 하게 함으로써 벌금형 등을 대신하는 처분.

- 가납명령

벌금이나 추징 등에 상당하는 돈을 미리 내는 것을 명령하는 것.

- 몰수

기소된 범죄행위와 관련된 물건의 소유권을 박탈하여 국고에 귀속시키는 처분.

- 추징

몰수 대상물의 전부 또는 일부가 몰수하기 불가능할 때 몰수 대신 같은 금액 상당의 납부를 명하는 처분.

- 피해자 환부

재산범죄로 인한 장물이 압수된 경우 이를 피해자에게 되돌려주는 처분.

- 누범

금고 이상의 형을 받아 그 집행을 마친 후 3년 이내에 다시 금고 이상에 해당하는 죄를 범한 자로, 원래 형의 2배까지 가중함.

- 작량감경

정상에 참작할 만한 사유가 있을 때 법원이 그 형을 감경하는 것.

- 무죄판결의 공시

무죄 또는 면소의 판결을 선고할 때 수사 및 재판과정에서 실추된 피고인의 명예회복을 위하여 판결의 요지를 법원 홈페이지 및 일간신문에 게재하는 제도를 말함.

- 양형기준

대법원 양형위원회가 공정하고 객관적인 양형을 실현하기 위하여 범죄유형별로 제시한 형량의 기준. 법정형의 범위 내에서 여러 양형요소들을 결합하여 일정한 형량 범위를 제시하였고, 이는 재판부에게 권고적 효력이 있음.

참고문헌 reference — Voice Phishing

- 김성돈, 『형법각론』, SKKUP, 2009.
- 정성근·박광민, 『형법총론』, SKKUP, 2012.
- 강구민·윤해성, 「보이스피싱 범죄에 대한 쟁점과 대책」, 『성신법학』 제9호, 성신여자대학교 법학연구소, 2010.
- 김성언·양영진, 「전화금융사기 범죄의 진화: 보이스피싱(Voice Phising)의 피해구조 분석과 대응」, 『한국공안행정학회보』 제17권 제3호 통권 제32호, 한국공안행정학회, 2008년 9월.
- 김성언, 「전화금융사기 범죄에 대한 한국 사회의 대응: 대만과의 비교 분석」, 『형사정책』 제22권 제1호, 한국형사정책학회, 2010년 6월.
- 윤해성·곽대경, 「보이스피싱의 예방과 대책마련을 위한 연구」, 『형사정책연구』 2009권 15호, 한국형사정책연구원, 2009.
- 윤해성, 「보이스피싱 범죄 대응방안 고찰」, 『법학논고』 제34집, 경북대학교 법학연구원, 2010년 10월.
- 윤해성 외, 「보이스피싱 근절과 피해자 구제를 위한 제도 개선 방안」, 한국형사정책연구원(금융위원회 연구용역 보고서), 2012.
- 이봉한, 「전화금융사기의 유형과 피해자 분석」, 『한국범죄심리연구』 제4권 제2호 통권 제7호, 한국범죄심리학회, 2008.
- 이유주, 「보이스피싱 피해신고 현황 및 규제방법·대책」, 국회입법조사처,

2009.
- 차현숙, 「일본의 전화금융사기 피해자구제법」, 『법령정보 Newsletter』 2009년 6월, 한국법제연구원, 2009.
- 최정호·임판준, 「VPN을 이용하는 전화금융사기(보이스피싱) 차단 방법 연구」, 『한국경찰연구』 제8권 제2호, 한국경찰발전연구학회, 2009년 여름.
- 한윤수, 「VoIP에서의 보이스피싱 대응방안」, 숭실대학교 정보과학대학원 석사학위 논문, 2009.
- 금융감독원, 「보이스피싱 지킴이」, http://phishing-keeper.fss.or.kr